Couture Unfolded

Innovative pleats, folds and draping in fashion design

Plissés et création

Plis, plissés et drapés originaux pour la mode

Couture Unfolded

Innovative pleats, folds and draping in fashion design

Plissés et création

Plis, plissés et drapés originaux pour la mode

Brunella Giannangeli

COUTURE UNFOLDED
Innovative pleats, folds and draping in fashion design

PLISSÉS ET CRÉATION
Plis, plissés et drapés originaux pour la mode

Editorial coordination: Claudia Martínez Alonso
Assistant to editorial coordination: Ana Marques
Art direction, editor, texts and step-by-step illustrations: Brunella Giannangeli
Folds shown in photos: María del Mar Molina Vicente
Fashion illustrations: Adriana Gerbasi
Photographs: Rebecca Belli
Translation: Cillero & de Motta and textcase
Art direction: Emma Termes Parera

Copyright © 2012 Promopress for English/French edition

PROMOPRESS is a brand of:
PROMOTORA DE PRENSA INTERNACIONAL, S. A.
Ausiàs March, 124
08013 Barcelona, Spain
Tel.: +34 93 245 14 64
Fax: +34 93 265 48 83
E-mail: info@promopress.es
www.promopress.es
www.promopresseditions.com

**646.
407
2
GIA**

First published in English: 2012
ISBN: 978-84-92810-55-0

First published in French: 2012
ISBN: 978-84-92810-88-8

Printed in Spain

"From small beginnings come great things."

COUTURE UNFOLDED: Innovative pleats, folds and draping in fashion design is a book with 25 basic exercises for creating three-dimensional pieces on a flexible structure. Each illustrated step demonstrates simply and effectively the manual technique used to make a fold on fabric.

The purpose of this compendium is to offer you the chance to explore your ability to create rich and complex shapes, and is written in a manner accessible to anyone passionate about the art of folding. The different textures and fibers are the canvas on which the artistic confection of a decorative and functional fashion piece is performed.

As you put these skills into practice, you will acquire knowledge about basic folds. Imagination and subjectivity come into play in perfecting innumerable figures, unlimited by the wide variety of fabrics and the diversity of folds, but all with the same initial concept. Calm, patience, and perseverance are unquestionably some of the qualities exercised with the practice of these exercises.

The pictures of the folds that appear in this book show different types of fabric suitable for each technique. Fashion illustrations interpreting the methodologies and their different applications are also featured.

COUTURE UNFOLDED: Innovative pleats, folds and draping in fashion design has been written with the aim of expanding your personal knowledge about the manual procedures for pleating and folding fabric, to show you that pleats are not hard to do and to raise awareness that a precise start is key to a successful finish.

« Les grandes choses ont de petits débuts. »

PLISSÉS ET CRÉATION: Plis, plissés et drapés originaux pour la mode est un livre qui présente 25 exercices faciles pour créer des formes tridimensionnelles sur une structure flexible. Chaque étape illustrée montre avec simplicité et efficacité la technique manuelle employée pour la confection d'un pli sur tissu.

L'objectif de ce guide est d'explorer la création de formes riches et complexes d'une manière accessible à tous ceux qui veulent découvrir l'art des plis. Les différentes fibres et textures sont le support sur lequel se réalise la confection artistique d'une pièce de mode décorative et fonctionnelle.

Au fur et à mesure que vous mettrez ces techniques en pratique, vous acquerrez la connaissance des plis de base. L'imagination et la subjectivité entrent également en jeu pour personnaliser les motifs d'innombrables manières, et la diversité des tissus et des plis eux-mêmes autorisent des variantes infinies, mais toujours à partir du même concept de base. Le calme, la patience et la persévérance sont des qualités qui seront sans aucun doute mises en pratique à travers ces exercices.

Les images des plis représentés dans ce livre montrent différents types de tissus adaptés à chaque technique. Les illustrations de mode interprètent quant à elles les méthodes présentées, ainsi que leurs différentes mises en application.

PLISSÉS ET CRÉATION: Plis, plissés et drapés originaux pour la mode a été réalisé pour enrichir les connaissances personnelles sur l'approche manuelle du plissage du tissu, pour en finir avec les a priori sur la difficulté de cette activité, et pour montrer qu'un bon début est la clé de la réussite.

Basic Seams

Various types of hand-sewn seams are used depending on the occasion, and are determined by the type of fabric, the degree of tension to which it is exposed and the general look you wish to achieve. The way you cast off at the edges can enhance the garment and stop the fabric from fraying. Below are the most important types:

Hemming – Before you begin each fold, it is a good idea to cast off the stitches on the back of the fabric, doubling it twice in the same direction and sewing it with a strong thread to achieve a cleaner finish. If using a knit fabric, sew the stitches loosely to maintain the elasticity of the garment.

Running stitch – A straight row of medium-spaced stitches to hand-close seams.

Backstitch – Uses the same techniques as above but the stitches join in a straight row. Also used to hand-close garments and to start to cast off thread. May be used as a decorative stitch.

Diagonal basting – Used to fasten two layers of fabric together before ironing; e.g., gauze joined to a fabric base. The final stitches are diagonal on one side and straight on the other.

Scapular stitch – Here you work from left to right, crossing the stitches diagonally. This stitch is usually used to fasten simple hems when you want a flat finish. It is important to leave the thread loose to maintain the movement of the fabric.

Basting – This stitch is used to provisionally fasten two fabrics with long, evenly spaced backstitches. The thread should always be behind the needle. When you finish, run the machine over the basting stitches, which you later remove.

Hemming – Uses the same technique as basting but gathering the fabric together. The needle should catch various small, very equal stitches at the same time. Cast off with a knot when you reach the end and space out the folds of the gather.

Overcasting and hemstitching – Overcasting is used to finish off sharp edges that have a tendency to fray. Hemstitching is used to join edges and lace edging; it is a form of hem done on the edge of the fabric to finish it off. Both use delicate, small and thick stitches and are generally employed on very fine, light fabrics.

Scallop stitch – This is a stitch used to create a decorative finish on the edge of the fabric without the threads sticking out. It is worked from left to right.

Coutures de base

Il y a différents types de coutures manuelles, qui s'emploient selon les besoins, et qui sont déterminées par le type de tissu, le degré de tension auquel il est exposé, et l'aspect général souhaité. La finition des bords a pour objet d'améliorer l'apparence du vêtement et empêcher que le tissu ne s'effiloche. Nous énumérons ci-dessous les plus importantes :

Point d'ourlet — Avant de commencer un pli, il est préférable de faire un ourlet sur les bords, sur l'envers du tissu, en le pliant deux fois dans le même sens puis en le cousant avec un fil solide de façon à obtenir une finition plus nette. Si le tissu est en mailles, coudre avec un point plus lâche afin de conserver l'élasticité du vêtement.

Point arrière — C'est une rangée droite de points moyennement séparés entre eux qui sert à fermer les coutures à la main.

Point arrière serré — Utilise la même technique que le point arrière, mais les points forment une ligne droite ininterrompue. Il sert également pour fermer les coutures à la main et pour commencer à arrêter les fils. Il peut s'employer comme point décoratif.

Point de bâti diagonal — Sert à maintenir deux couches de tissus ensemble avant de les repasser, par exemple, de la gaze sur un tissu de base. Le résultat donne des points en diagonale d'un côté, et droits de l'autre.

Point de chausson — Se travaille de gauche à droite, en croisant les points en diagonale. Ce point s'utilise généralement pour fixer des ourlets simples lorsqu'on veut une finition plate. Il est important de laisser le fil assez lâche pour conserver le mouvement du tissu.

Point de faufil — Ce point sert à maintenir provisoirement deux morceaux de tissu à l'aide de points arrière longs, espacés et uniformes. Le fil doit être toujours derrière l'aiguille. Puis on passe l'ouvrage à la machine en suivant ces points, qui seront ensuite retirés.

Point de france — Emploie la même technique que le point de faufil, mais en fronçant le tissu. L'aiguille doit réaliser plusieurs points en même temps, petits et très réguliers. On arrête avec un nœud quand on arrive à la fin et on espace les plis des fronces.

Point de surfil et point de surjet — Le point de surfil sert à arrêter les bords vifs qui tendent à s'effilocher. Le point de surjet sert à assembler deux pièces bord à bord ou à appliquer une pièce sur un tissu. C'est un ourlet qui se fait sur le bord du tissu en finition. Ils s'exécutent avec des points délicats, petits et épais, et généralement ils s'utilisent sur des étoffes très fines et légères.

Point de feston — C'est un point qui sert à créer une finition décorative à la lisière du tissu sans que les fils s'effilochent. Il se réalise de gauche à droite.

Icons

The sewing tools to use to make the pleats in this book are shown at the start of each exercise. These are the basic tools to hand-work all of the techniques explained in the following pages.

Scissors – Sewing scissors should only be used to cut fabric and no other material (use another pair of scissors to cut paper). They should be kept sharp to make it easier to cut quickly and precisely.

Ruler – Use a long metal ruler to stop it from sliding over the surface.

Pencil – To use on manila paper when necessary.

Tailor's chalk – Chalk used to mark fabric. It comes in different colors and disappears with the heat of the iron. It is a good idea to use light colors and keep the tip sharp (this can be done with a knife) so that lines are not too thick.

Manila paper – Silk or pattern paper used to create a template before making a fold in the fabric.

Thread – Use cotton thread for basting. For decorative use, try threads made from silk, linen, metal, etc. as long as they combine with the garment and are resistant and of good quality.

Needle – Sewing needles are numbered from 2 (the thickest) to 12 (the thinnest). Use the right needle according to the type of fabric and thread.

Thimble – A hollow, cylindrical metal cup worn for protection on the finger that pushes the needle.

Pins – They should be made from steel, with a pointy tip and clean (prevent them from rusting). Use a pin cushion to keep the pins handy.

Icônes

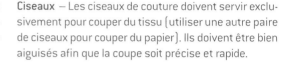

Le matériel nécessaire pour les plis présentés ici est indiqué au début de chaque exercice. Ce sont les outils de base pour réaliser à la main toutes les techniques expliquées dans ce livre.

Ciseaux – Les ciseaux de couture doivent servir exclusivement pour couper du tissu (utiliser une autre paire de ciseaux pour couper du papier). Ils doivent être bien aiguisés afin que la coupe soit précise et rapide.

Règle – Une règle longue en métal afin qu'elle ne glisse pas sur le tissu.

Crayon – À utiliser sur le papier manille le cas échéant.

Craie savon – Une craie qui sert à marquer le tissu. Elle existe en différentes couleurs, et son trait disparaît sous la chaleur du fer à repasser. Il est conseillé d'utiliser des couleurs claires et de maintenir le bord aiguisé (à l'aide d'un couteau, par exemple) afin d'éviter que les lignes ne soient trop épaisses.

Papier manille – Papier de soie ou à patron pour créer les patrons avant de réaliser le pli dans le tissu.

Fil – Utiliser du fil à coudre en coton. Pour les utilisations décoratives, employer du fil en soie, en lin, métallique, etc. en s'assurant qu'il est assorti au vêtement, résistant et de bonne qualité.

Aiguille – Les aiguilles de couture à la main sont numérotées de 2 (la plus grosse) à 12 (la plus fine). Utiliser la grosseur adaptée au type de tissu et de fil.

Dé à coudre – Un objet cylindrique et creux qui se porte sur l'annulaire de la main qui tient l'aiguille.

Épingles – Elles doivent être en acier, avec la pointe bien aiguisée, et propres (évitez la rouille). Utiliser un coussin porte-épingles pour y piquer les épingles et les ranger toutes au même endroit.

Safety pin – This is a pin with a section in the shape of a hook to keep the point of the pin in. Its function is to fasten textiles and cords.

 Cord – Cylindrical, thin and in many colors. Its purpose is ornamental.

 Sewing machine – A mechanical device used to join fabrics using thread and different types of stitches.

 Compass – A technical drawing instrument that serves to create perfect circular shapes.

 Iron – An electrical household appliance used to smooth clothes, eliminating creases and marks. Steam irons are used on surfaces where it is not necessary to smooth the fabric completely.

 Dummy – A human-shaped figure which helps shape a fabric with a natural draping.

 Container – A vessel to fill with water and submerge the fabric in when the pleat so requires.

 Kapok– Also called wadding, it is a material similar to the cotton used for textile stuffing. It cushions and provides a volume effect in a particular area.

 Cylinder – Upright, rounded item used to create some kinds of folds. Any tube or broomstick fulfils the same function.

 Tape – A long, narrow strip of fabric that helps to hold and support any surface.

 **Épingle à nourrice** – Une épingle dotée d'un crochet où la pointe vient se loger. Elle sert à attacher les tissus et les cordons.

Cordon – Cylindrique, fin, et disponible en une multitude de couleurs. Il a une fonction décorative.

Machine à coudre – Une machine qui sert à coudre les pièces de tissu à l'aide de fil et au moyen de différents types de point.

Compas – Instrument de dessin technique qui sert à créer des cercles parfaits.

Fer à repasser – Un petit appareil électrodomestique qui sert à repasser les vêtements pour les défroisser et éliminer les marques. Les fers à vapeur s'utilisent sur les surfaces qu'il n'est pas nécessaire d'aplatir complètement.

Mannequin – Un objet qui reproduit la forme humaine et aide le couturier à donner au tissu un tomber naturel.

Récipient – Pour mouiller le tissu quand le pli l'exige.

Kapok – Il s'agit d'une matière semblable au coton employé pour le remplissage textile. Il sert à rembourrer et à obtenir un effet de volume sur une surface déterminée.

Cylindre – Élément de forme verticale et arrondie employé pour aider à créer certains plis. Un tube ou un manche à balai fait la même fonction.

Ruban – Longue et étroite bande de tissu qui aide à tenir ou attacher les surfaces qui en ont besoin.

Knife Pleats

Plis couchés

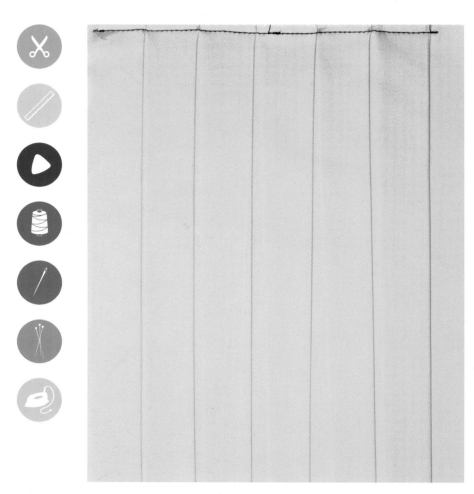

Pink elastane cotton knife pleats (pleat closed)
Plis couchés en coton élasthanne rose (pli fermé)

These are identical pleats superimposed one on top of the other, all pressed in the same direction. Each pleat has a 3:1 ratio, i.e., three inches of fabric will create one inch of finished pleat. The width of each pleat can vary, depending on the sought final effect—with narrow pleats the results of the piece will be more delicate.

Ce sont des plis identiques superposés les uns sur les autres, tous pliés dans le même sens. Chaque pli a une relation de 3:1, c'est-à-dire que 3 cm de tissu donneront un pli de 1 cm. La largeur de chaque pli peut varier en fonction de l'effet final souhaité : avec des plis fins, le résultat sera plus raffiné.

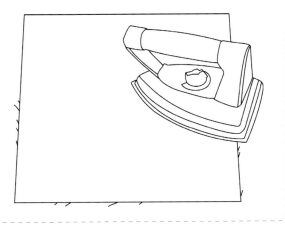

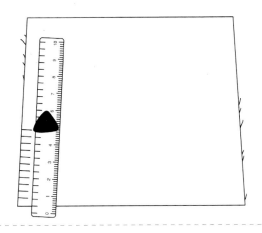

1

2

Cut out and iron the section of fabric to use. Remember the final size you wish to achieve: for two feet of pleated fabric you will need six feet of flat fabric.

Couper le morceau de tissu à utiliser, et le repasser. Tenir compte des dimensions finales souhaitées : pour 2 m de tissu plissé, il faut 6 m de tissu à plat.

With the ruler and a tailor's chalk, mark the left side at small, evenly spaced distances.

Avec la règle et la craie savon, marquer de petits repères espacés régulièrement sur le côté gauche.

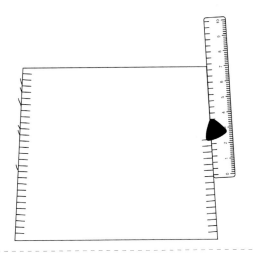

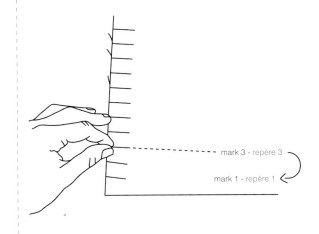

mark 3 - repère 3

mark 1 - repère 1

3

4

Repeat the previous step throughout the whole of the section until you have marked both sides of the fabric.

Répéter l'étape précédente tout le long du morceau de tissu de façon à marquer les deux côtés.

Pinch up the fabric at the third mark.

Pincer le troisième repère.

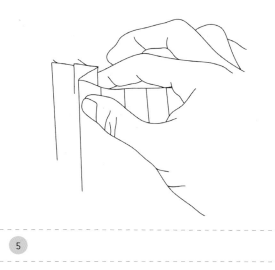

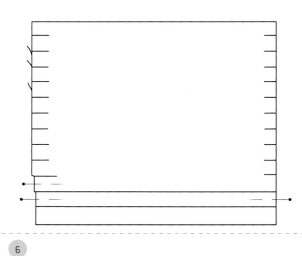

5

Carry the top of the fabric back to meet the first mark.

Amener la crête du pli jusqu'au premier repère.

6

Fasten each end of the pleat (left side and right side) with pins.

Épingler chaque extrémité du pli (sur le côté gauche et sur le côté droit).

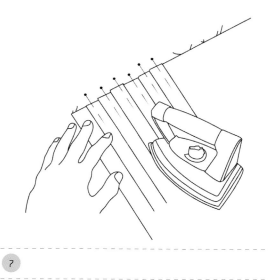

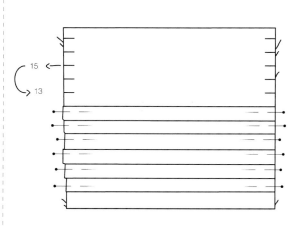

7

After folding each pleat, smooth with the iron to emphasize the pleat and to erase the chalk marks.

Après avoir réalisé chaque pli, le repasser pour le marquer et pour effacer les traits de craie savon.

8

Repeat the process (steps 4, 5, 6 and 7) along the whole of the fabric (fold mark 6 back to mark 4, 9 to 7, 12 to 10 and so on).

Répéter cette opération (étapes 4, 5, 6 et 7) tout le long du tissu (repères 6 à 4, 9 à 7, 12 à 10, etc.).

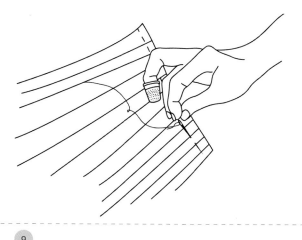

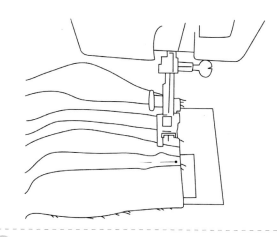

9

10

When you have secured all the pleats, take the needle and thread and baste on one side to fasten it rapidly.

Après avoir formé tous les plis, prendre le fil et l'aiguille et faufiler de côté pour assurer les plis rapidement.

Then run the sewing machine over it, removing the pins as you go. This will keep the pleats in place.

Puis passer l'ouvrage à la machine à coudre et retirer les épingles au fur et à mesure. Cette dernière opération achève de fixer le pli.

Pink elastane cotton knife pleats (pleat open)
Plis couchés en coton élasthanne rose (pli ouvert)

Accordion

Accordéon

Off-white georgette gauze accordion pleat
Plissage accordéon en gaze georgette écrue

This is a series of narrow, vertical pleats uniformly spaced and alternating raised and sunken pleats. The name of this pleat comes from the fact that when the fabric is extended, it looks like the musical instrument of the same name. To make it, you first have to create the pattern. The end result is characterized by its zigzag effect. Natural, light fabrics like crêpe and gauze drape in a very flattering fashion with this type of pleat.

C'est une série de plis plats étroits, verticaux et espacés régulièrement avec une alternance de plis en relief et en creux. Le nom de ce plissage vient du fait que lorsque le tissu est étiré, il ressemble à l'instrument de musique. Pour le réaliser, il faut d'abord créer le patron. Le résultat final se caractérise par son effet en zigzag. Les tissus naturels et légers comme le crêpe et la gaze ont un tomber très flatteur avec ce type de plissage.

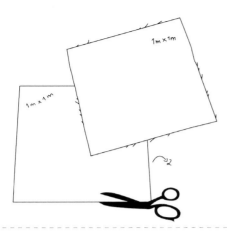

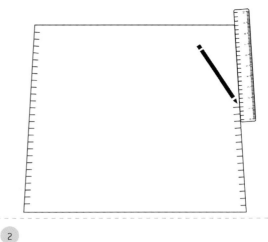

1	**2**

Cut out two square pieces of manila or silk paper and one piece of the fabric to use. The three elements should be the same size.

Couper deux carrés de papier manille ou de papier de soie et un carré dans le tissu à utiliser. Ces trois éléments doivent avoir les mêmes dimensions.

With the pencil and a ruler, make small, evenly spaced marks on both sides of the surface. This separation will dictate the depth of each pleat.

Avec le crayon et la règle, marquer de petits repères à intervalles réguliers sur les deux côtés de la surface. Cet intervalle déterminera la profondeur de chaque pli.

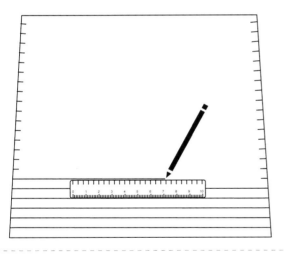

3	**4**

With the pencil and a ruler, join the marks together, drawing straight lines along the paper. This will ensure a completely precise pleat. Put the pattern paper aside.

À l'aide du crayon et de la règle, relier les repères en traçant des lignes droites sur tout le long du papier, afin que le plissage soit très précis. Mettre ce patron de côté.

Take the piece of unmarked pattern paper and position it as a base. Place the fabric on top and fasten with some pins.

Le carré de papier vierge va servir de base. Poser le tissu dessus, et l'y fixer à l'aide de quelques épingles.

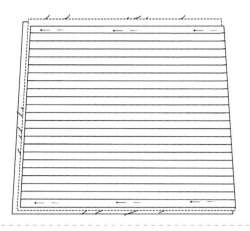

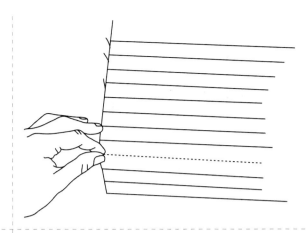

On top of the fabric, position the paper with the marks where the pleats will be created. Fasten the three elements again (unmarked paper + fabric + marked paper) using pins.

Sur le tissu, positionner le papier portant les marques qui serviront à créer les plis. Fixer les trois éléments (papier vierge + tissu + papier tracé) à l'aide de quelques épingles.

Pinch the fabric at third mark. The second and fourth marks will come together to form a kind of mountain.

Pincer le troisième repère. Le deuxième et le quatrième repères se superposent et forment une espèce de montagne.

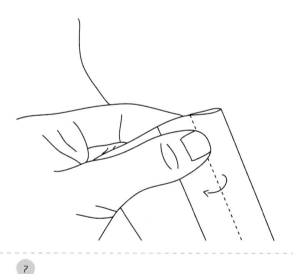

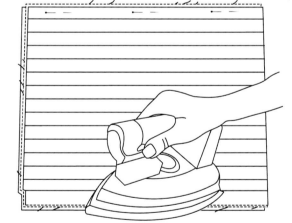

Move this mountain in the direction of the first mark.

Abaisser la montagne en direction du premier repère.

Flatten, first with the aid of your fingers or the scissor's handle and then with the iron, to emphasize the pleat.

Aplatir, tout d'abord avec les doigts ou le manche des ciseaux, puis avec le fer à repasser pour bien marquer le pli.

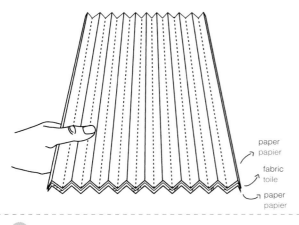

paper
papier

fabric
toile

paper
papier

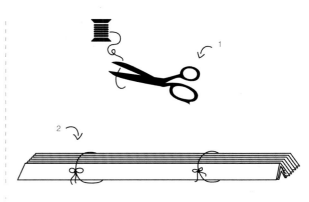

1

2

9

10

Repeat the process (steps 6, 7 and 8) along the whole of the length of the surface. At the end of this step the ensemble will have a zigzag effect.

Répéter cette opération (étapes 6, 7 et 8) tout le long du tissu. À la fin de cette étape, on obtient un effet de zigzag sur l'ensemble du tissu.

Once the surface is folded, cut a piece of cord (wire or ribbon) and tie it firmly around the folded paper. With this method the fabric will be held in place between the two pieces of manila paper to better emphasize the pleat.

Une fois que toute la surface est plissée, couper un morceau de cordon (fil de fer ou ruban) et l'enrouler serré autour du papier plié. Avec cette méthode, le tissu reste assuré entre les deux feuilles de papier manille pour mieux marquer le pli.

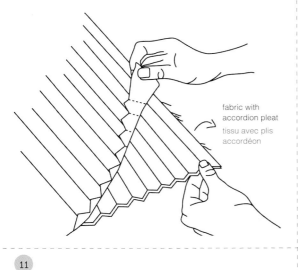

fabric with
accordion pleat

tissu avec plis
accordéon

11

Finally, untie the cord. Remove the fabric from between the pieces of manila paper.

Pour finir, défaire le cordon. Extraire le tissu des feuilles de papier manille.

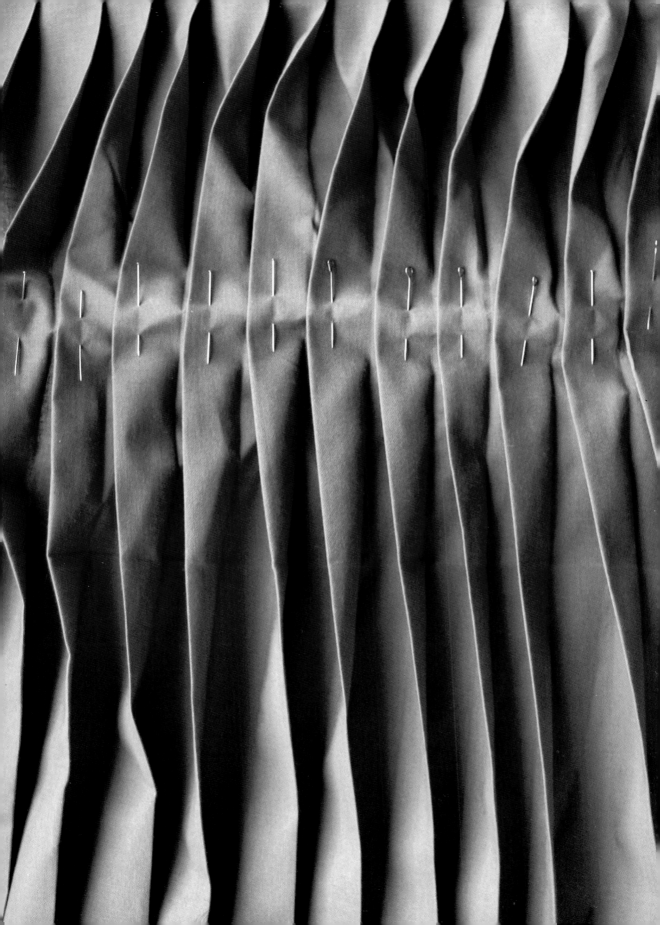

Sunburst

Soleil

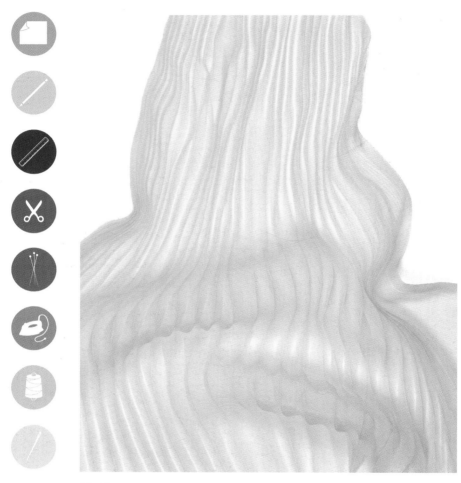

Off-white georgette gauze sunburst pleat
Plissage soleil en gaze georgette écrue

This is a pleating technique where the top part of the fabric is much narrower than the bottom part, creating a type of triangular shape. The method initially follows the same concept as accordion pleats (narrow, parallel and uniformly spaced, alternating raised and sunken pleats); the only difference being that the sunburst pleat is sewn on the bias instead of on the weave.

Avec cette technique de plissage, la partie supérieure du tissu est plus étroite que la partie inférieure, ce qui crée une forme triangulaire. Quant à la méthode, elle suit la même idée que pour le plissage en accordéon au début (plis étroits, parallèles et espacés à intervalles réguliers, avec une alternance de plis en relief et en creux). La seule différence est que le plissage soleil se réalise dans la direction du biais du tissu, et non dans le droit-fil.

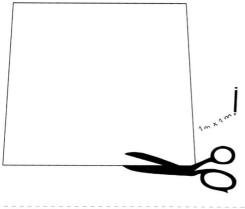

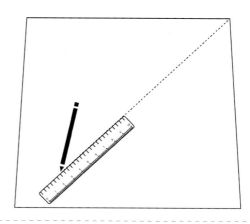

1

2

Cut out a square piece of manila paper or silk paper. Note down the size.

Couper un carré de papier manille ou de papier de soie. Noter les dimensions.

With the pencil and a ruler, draw a diagonal line across the paper from the top right corner to the bottom left corner. This line will guide the following lines to make the sunburst pattern.

Avec le crayon et la règle, tracer une diagonale sur le papier qui traverse tout le centre, du coin supérieur droit au coin inférieur gauche. Cette ligne guidera les tracés suivants pour réaliser le patron du plissage soleil.

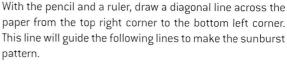

narrow marks - repères étroits

wider marks - repères plus larges

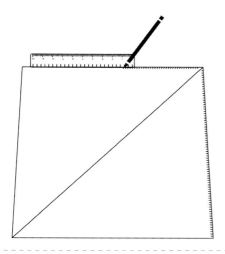

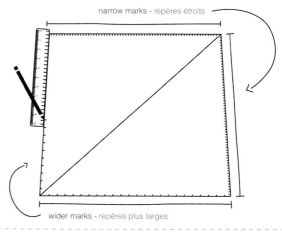

3

4

With the pencil and a ruler, make small marks at the distance you want for the narrowest side of the pleat, i.e., across the top and the right side of the paper. Use the middle of the diagonal line as the starting point. Ideally, the distance between each mark should be no less than one inch.

Avec le crayon et la règle, marquer de petits repères à la distance souhaitée pour le côté le plus étroit des plis, c'est-à-dire sur le bord supérieur et le bord droit du papier. Prendre la diagonale centrale comme point de départ. Il est conseillé de maintenir une distance d'au moins 25 mm entre chaque repère.

Repeat the previous step along the bottom and the left side. This time the distance between marks should be three or four times that of the narrow side. The greater the distance, the more visible the pleat; the shorter the distance, the more delicate the result of the sunburst pleat.

Répéter l'étape précédente sur le bord inférieur et le bord gauche. Cette fois, la distance entre les repères doit être trois ou quatre fois supérieure à celle du côté plus étroit. Plus la distance entre ces repères sera grande, plus le pli sera visible. Plus elle sera petite, plus l'effet final du plissage soleil sera délicat.

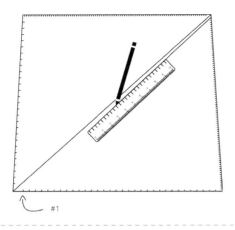

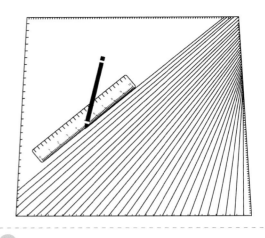

#1

5

6

With the four sides of the paper marked, start to join the marks with the aid of a ruler: the first mark on the top right corner with the first mark on the bottom left corner.

Une fois les quatre côtés du papier garnis de repères, commencer à relier les points à l'aide d'une règle : le premier repère du coin supérieur droit avec le premier repère du coin inférieur gauche.

Repeat the previous step along the whole of the surface.

Répéter l'étape précédente sur toute la surface.

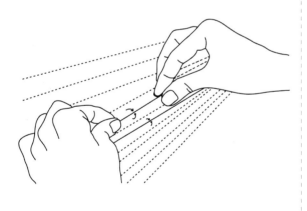

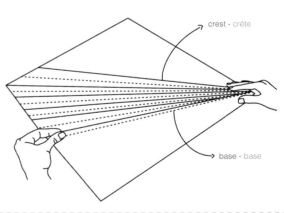

crest - crête

base - base

7

8

Start to create the mountains: the central diagonal will be the raised part (crest), while the adjoining lines will create the base. Therefore, if one mark is high (straight line), the next will be at the bottom.

Commencer à créer les montagnes : la diagonale centrale sera la partie élevée (crête), tandis que les traits voisins seront la base. Ainsi, lorsqu'un trait forme un relief (ligne continue), celui qui le suit forme un creux (ligne en pointillés).

Repeat the previous step along the whole of the surface. It is important that the diagonal lines are well marked. You can use the handles of your scissors to help smooth each pleat, or carefully use the iron. (The dotted lines represent the base of the cloth and the solid lines, the crests.)

Répéter l'étape précédente sur toute la surface. Il est important que les diagonales soient bien marquées : le manche des ciseaux peut être utile pour aplatir les plis, ainsi que le fer à repasser, à utiliser avec précaution. (Les lignes en pointillés représentent le fond et les lignes continues le sommet.)

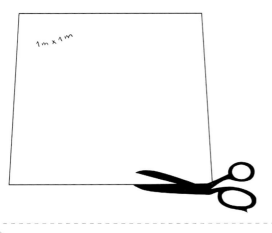

9

Cut out another piece of manila paper, the same size as the first.

Couper un autre morceau de papier manille de mêmes dimensions que le précédent.

10

Place the fabric (preferably the same size as the paper) on top of the clean manila paper. Pin the two pieces along the edges.

Poser le tissu (de préférence des mêmes dimensions que le papier) sur le papier manille vierge. Fixer ces deux éléments à l'aide d'épingles tout le long du bord.

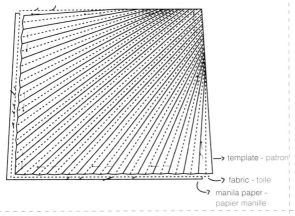

→ template - patron
→ fabric - toile
→ manila paper - papier manille

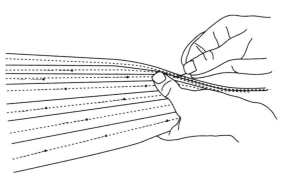

11

On top of the fabric, put the paper with the marks where the pleats will go. Then fasten the three elements again (unmarked paper + fabric + marked paper), pinning around the edge.

Sur le tissu, positionner le papier portant les marques qui serviront à créer les plis. Fixer les trois éléments (papier vierge + tissu + papier tracé) en épinglant les bords.

12

Fasten with pins on top of the diagonals previously drawn in pencil. Pass each pin through the three layers: pattern, fabric and unmarked manila paper.

Épingler tout le long des diagonales dessinées au crayon. S'assurer de passer chaque épingle à travers les trois couches : patron, tissu et papier vierge.

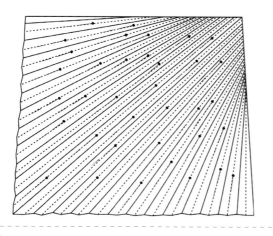

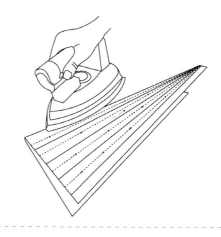

13

14

Repeat the previous step throughout the whole length of the surface until the three elements are pinned.

Répéter l'étape précédente sur toute la surface jusqu'à ce que les trois éléments soient bien fixés ensemble.

Following the marks of the mountains on the paper, fold and go over with the aid of the iron. Repeat this step until the whole of the surface is completely pleated.

En suivant les marques de montagnes sur le papier, plier et repasser le pli au fer. Répéter l'opération jusqu'à ce que toute la surface soit complètement plissée.

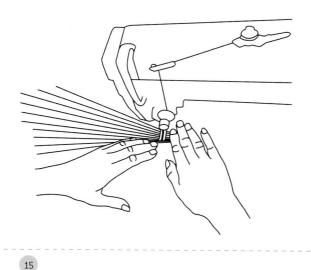

15

Remove the pins that join the three layers and extract the fabric. Make a small stitch at the top right corner of the fabric to sustain the start of the pleat so that the fabric drapes freely (in the direction of the bottom corner) to create movement and the sunburst effect.

Retirer les épingles qui maintiennent les trois couches, et extraire le tissu. Faire une petite couture dans le coin supérieur droit du tissu pour fixer l'origine du pli, et laisser l'étoffe tomber librement (en direction du coin inférieur) pour créer le mouvement et l'effet soleil.

Box Pleats

Plissage en creux

Eggplant taffeta box pleats
Pli creux en taffetas aubergine

This is a double, flat fold formed when two pleats face in opposite directions. Each individual pleat has a fold on both sides and at the bottom of the pleat.

Connu également comme plis opposés. Il s'agit d'un pli double et plat qui se forme quand deux plis sont couchés en sens opposé. La création de chaque pli individuel présente une pliure de chaque côté et à sa partie inférieure.

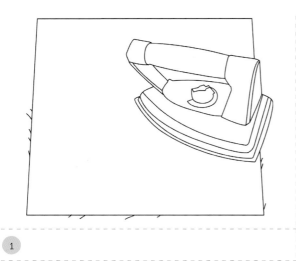

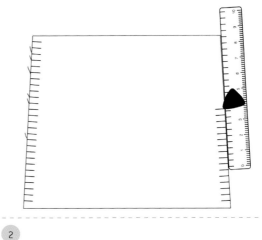

1

Cut out and iron the piece of fabric to use.

Couper le morceau de tissu à utiliser, et le repasser.

2

With the chalk and a ruler, make small marks spaced less than 1 inch apart on both sides of the fabric.

À l'aide de la craie savon et de la règle, marquer de petits repères à intervalles de 2 cm sur les deux côtés du tissu.

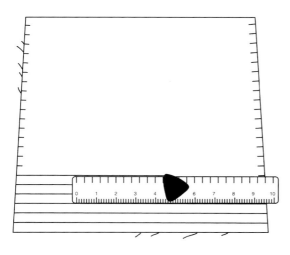

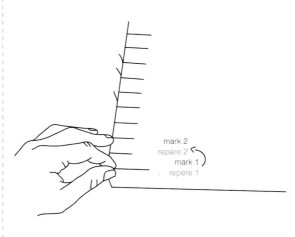

3

It is a good idea to join each mark from one end to the other with a straight line (or dotted line) to use as a reference when it comes to folding the pleats. This will ensure a fully precise fold.

Il est conseillé de relier chaque repère de part et d'autre du tissu avec des lignes droites (ou en pointillés) qui serviront de référence au moment de faire les plis. Ainsi, le plissage sera tout à fait précis.

4

Pick up the fabric at the first mark and carry it over to the second.

Pincer le premier repère, le soulever et le faire coïncider avec le deuxième.

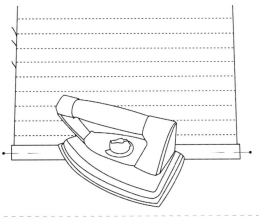

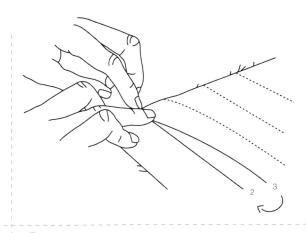

2 3

5

Fasten each pleat end with a couple of pins and then smooth with the iron.

Épingler chaque extrémité du pli. Puis repasser au fer pour aplatir.

6

Repeat step 4 but in the opposite direction: pick up the fabric at the third mark and double it back to the second, where it will meet with the first.

Répéter l'étape 4 mais dans le sens contraire : pincer le troisième repère, le soulever et le faire coïncider avec le deuxième, là où arrive le premier pli couché.

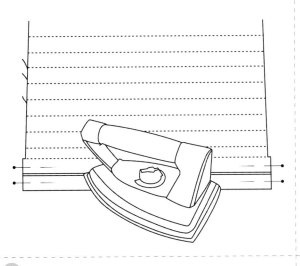

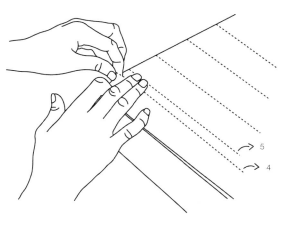

5

4

7

Fasten each pleat end with a couple of pins and then smooth with the iron.

Épingler chaque extrémité du pli. Puis repasser au fer pour aplatir.

8

Pick up the fabric at the fourth mark and carry it over to the fifth.

Pincer le quatrième repère, le soulever et le faire coïncider avec le cinquième.

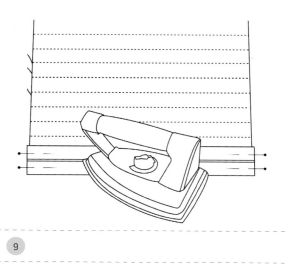

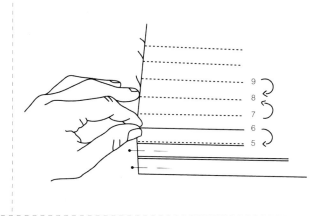

9

Fasten each pleat end with a couple of pins and then smooth with the iron.

Épingler chaque extrémité du pli et aplatir au fer à repasser.

10

Repeat steps 4, 5, 6 and 7 for the whole length of the fabric (taking mark 6 back to mark 5, mark 7 forward to mark 8, mark 9 back to mark 8 and so on).

Répéter les étapes 4, 5, 6 et 7 tout le long du tissu (faire coïncider le repère 6 et le 5, le 7 et le 8, le 9 et le 8, etc.).

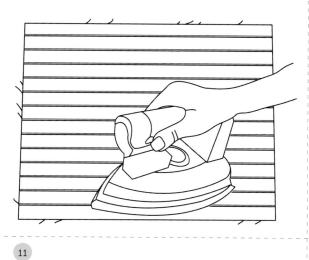

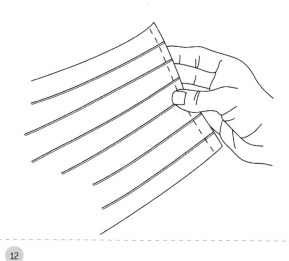

11

When you have finished all of the fabric, remove the pins and go over it again with the iron to more sharply smooth the pleats.

Une fois le plissage réalisé sur tout le tissu, retirer les épingles et repasser une nouvelle fois au fer pour mieux aplatir tous les plis.

12

Finally, secure the pleats with stitches along one of the sides, leaving the other end to drape freely.

Enfin, fixer les plis en cousant le long de l'un des côtés, en laissant l'autre extrémité libre pour donner du mouvement au plissage.

Inverted Pleats with Top Seam

Pli creux avec couture supérieure

Beige inverted pleat with top seam
Pli creux avec couture supérieure en coton beige

Here the pleats converge and leave the bottom of the fabric visible. The inverted pleat technique shares the same concept as that of the box pleat, but the difference is that each group of pleats has a seam at the top, sewn on the back of the fabric, and there is a noticeably bigger distance between them.

Ici, les plis convergent et laissent entrevoir le tissu du dessous. La technique du pli creux reste la même que pour le plissage précédent, mais chaque groupe de pli est cousu dans la partie supérieure, sur l'arrière du tissu. De plus, les groupes de plis sont sensiblement plus espacés.

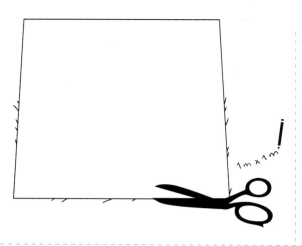

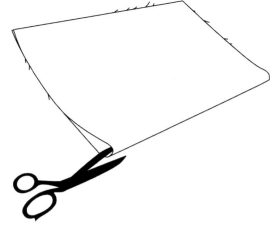

Cut out and iron the fabric to use. Note the size.

Couper le morceau de tissu à utiliser, et le repasser. Noter les dimensions.

Fold the fabric in half and use the scissors to make a notch (max. ½ inch) in the side to mark the midpoint.

Plier le tissu en deux et pratiquer une petite entaille (1 cm maximum) à l'aide des ciseaux sur le côté pour marquer le milieu du morceau.

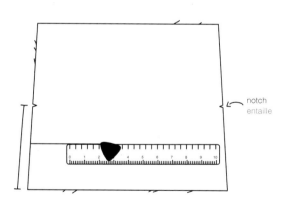

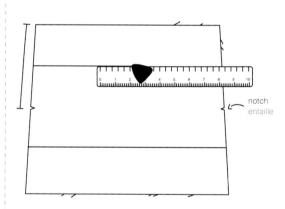

Extend the fabric. With the ruler and a tailor's chalk, draw a straight line in the middle of the fabric between the edge and the notch from the previous step. Take the straight line through to the other end.

Étaler le tissu. Avec la règle et la craie savon, tracer une ligne droite à la moitié du tissu, entre le bord supérieur du tissu et la petite entaille de l'étape précédente. Prolonger cette ligne tout le long du tissu.

Repeat the previous step on the other half of the fabric, i.e., between the edge of the fabric and the notch in the middle.

Répéter l'étape précédente sur l'autre moitié du tissu, c'est-à-dire entre le bord inférieur du tissu et l'entaille centrale.

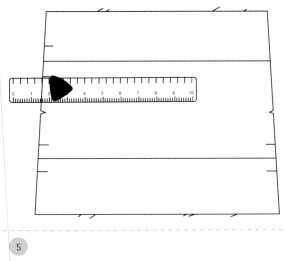

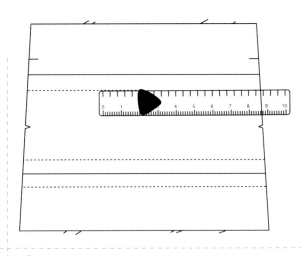

5

6

Make two equally spaced marks on either side of the lines.

De chaque côté des lignes droites, faire deux marques à égale distance.

Join each mark from one end to the other with a dotted line. These lines will be used as a reference when it comes to folding the pleats later on.

Tracer une ligne en pointillés pour chacun de ces repères. Ces lignes serviront de référence au moment de faire les plis.

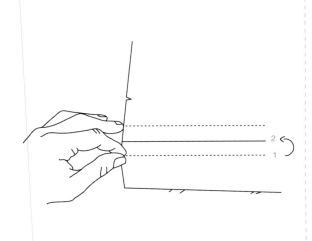

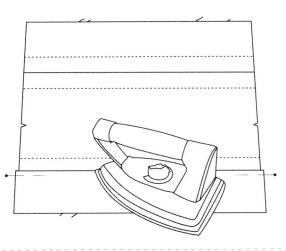

7

8

Pick up the fabric at the first mark and carry it over to the second.

Pincer le premier repère, le soulever et le faire coïncider avec le deuxième.

Fasten each pleat end with a couple of pins and then smooth with the iron.

Épingler chaque extrémité du pli et aplatir au fer à repasser.

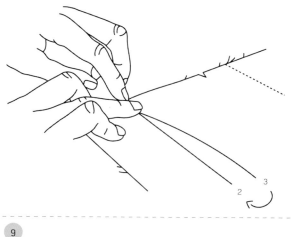

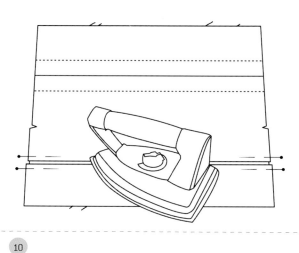

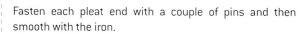

9

Repeat step 7 but in the opposite direction: pick up the fabric at the third mark and double it back to the second, where it will meet with the first.

Répéter l'étape 7 mais dans le sens contraire : pincer le troisième repère, le soulever et le faire coïncider avec le deuxième, là où arrive le premier pli couché.

10

Fasten each pleat end with a couple of pins and then smooth with the iron.

Épingler chaque extrémité du pli. Puis repasser au fer pour aplatir.

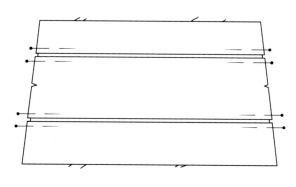

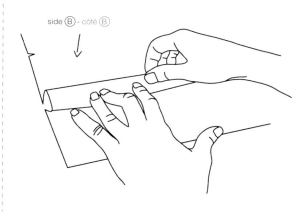

side Ⓑ - côté Ⓑ

11

Repeat this process (steps 7 to 10) on the other half of the fabric. Remove the pins when you finish.

Répéter cette opération (étapes 7 à 10) sur l'autre moitié du tissu. Puis retirer les épingles.

12

Turn the fabric over and take the small mountain that has been formed as a result of the previous steps. (Side A = right side / side B = wrong side of the cloth).

Retourner le tissu et prendre la petite montagne qui s'est formée suite aux étapes précédentes. (Côté A = endroit / côté B = envers).

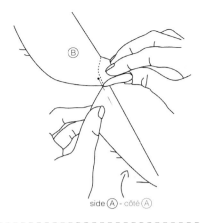

side Ⓐ - côté Ⓐ

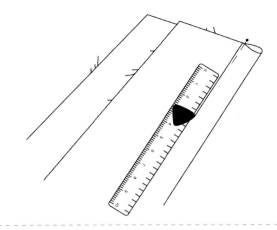

13

Fold, while keeping mark 1 joined with mark 3. Fasten with a pin.

Plier tout en maintenant les repères 1 et 3 ensemble. Épingler.

14

With the ruler and a chalk, draw a straight line with the lenght you want for the seam at the top. Consider that this is the section that remains fixed, so at the top part of the pleats there will be no movement.

À l'aide de la règle et de la craie savon, tracer une ligne droite de la longueur souhaitée pour la couture supérieure. Tenir compte du fait que cette partie restera fixe, et que la partie supérieure des plis n'aura aucun mouvement.

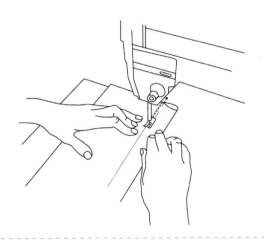

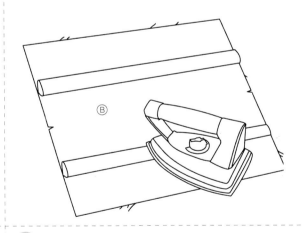

15

Use the sewing machine to sew over the straight line from the previous step. Repeat this process (steps 12 to 15) on the other half of the fabric.

Coudre à la machine sur la ligne droite de l'étape précédente. Répéter cette opération (étapes 12 à 15) sur l'autre moitié du tissu.

16

With the fabric face down (side B), iron the two mountains until they are completely smooth.

Avec le tissu retourné (côté B), repasser les deux montagnes jusqu'à ce qu'elles soient complètement aplaties.

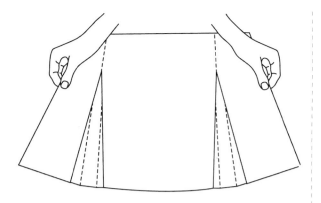

17

Turn the fabric over (side A up) to see the inverted pleat with top seam.

Retourner le tissu encore une fois (côté A en haut) pour voir le pli creux avec couture supérieure.

Magenta inverted pleat with a seam at top
Pli creux avec couture supérieure en coton magenta

Double Pleats

Pli creux double

Tablón doble en algodón encerado de color rosa palo
Pli creux double en coton ciré rose pâle

Double pleats initially start out with the same concept as box pleats but, as the name suggests, use double fabric and a seam in the middle at the top to fix the movement of this section. When the pleats are opened out, they have a visual effect of depth due to the different layers.

Le pli creux double part du même principe que le pli creux simple, mais comme son nom l'indique, il utilise le double de tissu, ainsi qu'une couture supérieure centrale pour fixer le mouvement. Lorsque les pans s'écartent, les différentes couches du plissage donnent un effet visuel de profondeur.

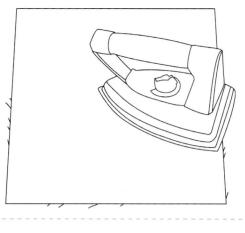

1

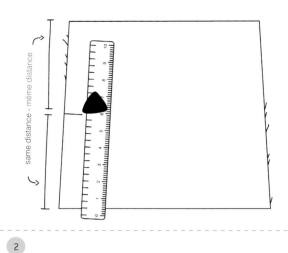

same distance - même distance

2

Cut out and iron the fabric to use.

Couper le morceau de tissu à utiliser, et le repasser.

With the ruler and a tailor's chalk, make a mark in the middle of the fabric.

À l'aide de la règle et de la craie savon, tracer un repère à la moitié du tissu.

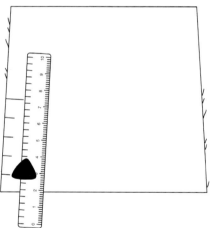

3

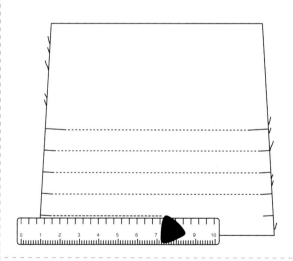

4

Divide with four equally spaced marks from the start of the fabric through to the midpoint.

Diviser le tissu en sections égales à l'aide de quatre repères régulièrement espacés entre le début du tissu et le repère qui indique le milieu.

Repeat the previous step on the right side and then join each end with a dotted line to make it easier to fold the pleats.

Répéter l'étape précédente sur le côté droit, puis relier les extrémités en traçant des lignes en pointillés pour faciliter le pliage.

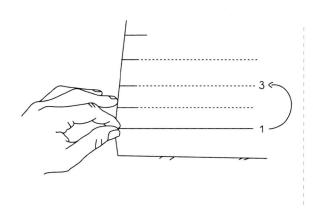

Pick up the fabric at the first mark and carry it over to the third mark. The second mark indicates the fold that will be made at the back between the first and third marks.

Pincer le premier repère, le soulever et le faire coïncider avec le troisième. Le deuxième repère indique le pli qui se trouve sur le fond, entre le premier et le troisième repère.

Fasten both ends with a pin.

Épingler aux deux extrémités.

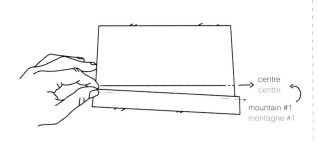

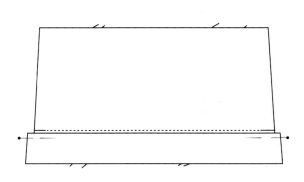

Pick up this first mountain and carry it over to where it meets the mark in the middle. This will give you two mountains, one on top of the other.

Soulever cette première montagne et la faire coïncider avec la marque du centre. On obtient deux montagnes, l'une sur l'autre.

Remove the pins you used before and pin the two mountains together at each end. Iron.

Retirer les épingles utilisées précédemment et épingler les deux montagnes ensemble à chaque extrémité. Repasser au fer.

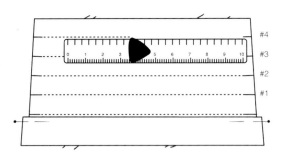

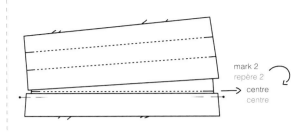

mark 2
repère 2

centre
centre

9

Repeat this process on the other half of the fabric: divide with four equally spaced marks from the midpoint of the fabric through to the end.

Répéter cette opération sur l'autre moitié du tissu : diviser le tissu en sections égales à l'aide de quatre repères régulièrement espacés entre le repère qui indique le milieu et la fin du tissu.

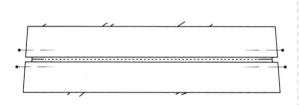

10

Pick up the fabric at the second point and carry it over to the central mark. Pin at both ends.

Pincer le deuxième repère, le soulever et le faire coïncider avec le repère central. Épingler aux deux extrémités.

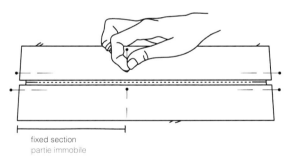

fixed section
partie immobile

11

Pick up the fabric at the fourth point and carry it over to the central mark, which is where it meets the first mountain. Remove the pins from the previous step and fasten the two pleats at both ends.

Pincer le quatrième repère, le soulever et le faire coïncider avec le repère central, là où se trouve la première montagne. Retirer les épingles de l'étape précédente et épingler les deux pans à chaque extrémité.

12

Use two pins to indicate the point where the pleat will be fixed.

À l'aide de deux épingles, marquer le point qui indique l'endroit où le pli sera immobilisé.

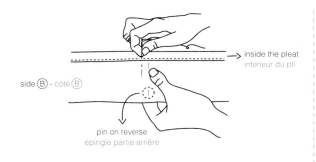

inside the pleat
intérieur du pli

side Ⓑ - côté Ⓑ

pin on reverse
épingle partie arrière

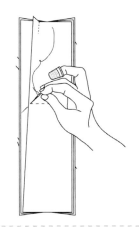

13

14

Turn the fabric over (A = right side / B = wrond side). With the needle and thread, backstitch from one end to the other (using the pins from the previous step as a reference), fastening the two mountains and without crossing the first layer of the fabric. So, the stitching will be invisible.

Retourner le tissu (A = endroit / B = envers). Avec le fil et l'aiguille, coudre un point arrière serré d'une extrémité à l'autre (en prenant les épingles de l'étape précédente comme référence) pour maintenir les deux montagnes, sans transpercer la première couche de tissu. Ainsi la couture sera invisible.

When you reach the other end, finish off with a knot between the pleats so the casting off is imperceptible.

Une fois au bout, faire un nœud au milieu des plis afin que l'arrêt du fil soit invisible également.

left - ga.   right - dr.

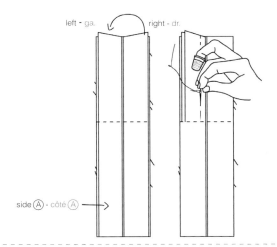

side Ⓐ - côté Ⓐ

side Ⓐ - côté Ⓐ

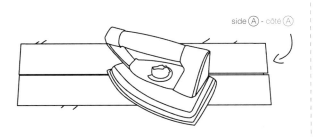

15

16

Turn the pleat over, iron, and remove the pins.

Retourner le tissu, repasser au fer et retirer les épingles.

To close the top section from the central seam, fasten the right and left ends of the fabric and backstitch on the inside, following the vertical straight line of the two marks at the far ends of the cloth.

Pour fermer la section supérieure à partir de la couture centrale, maintenir des extrémités droite et gauche du tissu et coudre sur l'intérieur avec un point arrière serré qui suit la ligne verticale des deux repères les plus externes du tissu.

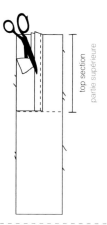

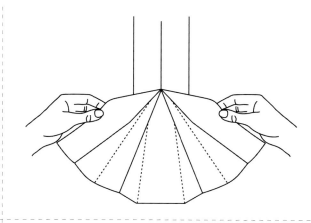

17

18

Use scissors to cut out the part of the top section that is left loose. Do this on the wrong side of the fabric.

À l'aide des ciseaux, couper sur l'envers la partie de la section supérieure qui est en trop.

Iron and open out the pleats to appreciate the double pleating.

Repasser et ouvrir les pans pour voir le pli creux double.

Fantasy Folds

Plissage fantaisie

Pale pink waxed cotton fantasy folds
Plissage fantaisie en coton ciré rose pâle

After learning some basic pleats, you can start to play around with different techniques. Actually, this fantasy fold is a mirror-type composition of box pleats and folds of different sizes. It is an example of the personal freedom you have in designing new fold combinations on a single piece of fabric.

Après avoir appris les plis de base, il est temps d'explorer et de jouer avec les différentes techniques. Plus concrètement, ce plissage fantaisie est une composition type miroir de plis creux et de plissages de différentes dimensions. C'est un exemple qui illustre la liberté de création de nouvelles combinaisons de plis sur un même morceau de tissu.

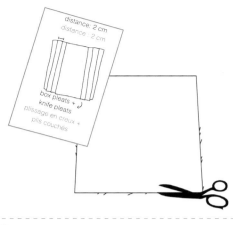

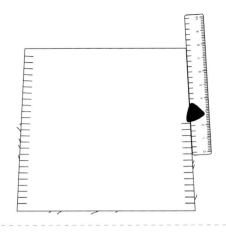

1

2

Cut out and iron the section of fabric to use. It is a good idea to draw the fold design you want to make on the fabric on a sheet of paper first.

Couper le morceau de tissu à utiliser, et le repasser. Il est conseillé de commencer par dessiner le plissage que l'on veut réaliser sur une feuille.

With the ruler and a tailor's chalk, make small, evenly spaced marks on the left side. Repeat the process on the right side.

Avec la règle et la craie savon, faire de petites marques espacées régulièrement sur le côté gauche. Répéter l'opération sur le côté droit.

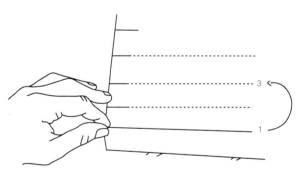

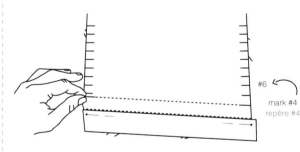

3

4

Start with two knife pleats: pick up the fabric at the first mark and carry it over to mark three. Fasten each end with a pin and smooth with the iron.

Commençons avec deux plis couchés : pincer le premier repère, le soulever et le faire coïncider avec le troisième. Épingler chaque extrémité et aplatir au fer à repasser.

Pick up the fabric at the fourth mark and carry it over to mark six.

Pincer le quatrième repère, le soulever et le faire coïncider avec le sixième repère.

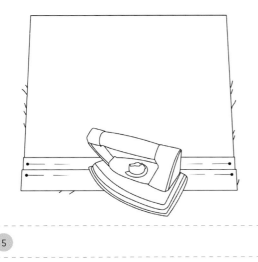

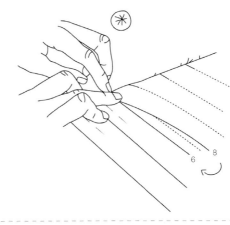

5

6

Fasten each end with a pin and smooth with the iron.

Épingler chaque extrémité et aplatir au fer à repasser.

Then go on to do a box pleat: pick up the fabric at mark eight and double it back to mark six, which in turn will meet with the pleat from the previous step.

Continuer avec un pli creux : pincer le huitième repère, le soulever et le faire coïncider avec le sixième, là où arrive le premier pli de l'étape précédente.

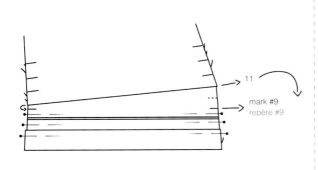

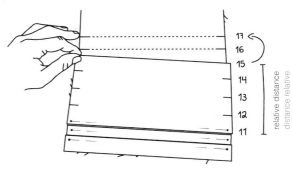

7

8

Pick up the fabric at mark 11 and double it back to mark 9.

Pincer le onzième repère, le soulever et le faire coïncider avec le neuvième repère.

Then close the inverted pleat by picking up the fabric at mark 15 and carrying it forward to mark 17. Fasten each end with a pin and smooth with the iron. The size of this block can vary: for a narrower pleat take a mark closer to the start of the pleat from the previous step.

Puis fermer le pli inversé en soulevant le 15ᵉ repère et le faire coïncider avec le 17ᵉ repère. Épingler chaque extrémité et aplatir au fer à repasser. Les dimensions de ce bloc peuvent varier : pour un pan plus étroit, il faut prendre un repère plus proche du début du pan de l'étape précédente.

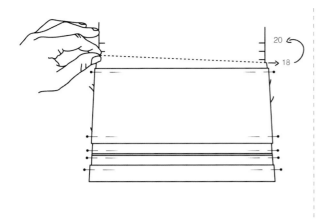

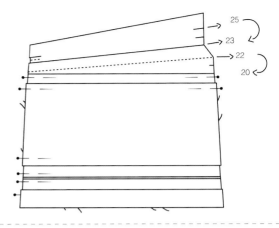

Repeat the previous steps with a mirror effect until you reach the end of the fabric: pick up the fabric at mark 18 and carry it forward to mark 20.

Aller jusqu'au bout du tissu en répétant les étapes antérieures symétriquement : pincer le 18e repère, le soulever et le faire coïncider avec le 20e.

Close the box pleat by doubling mark 22 back to mark 20. Finish by doubling mark 25 back to mark 23.

Fermer le pli creux en faisant coïncider le 22e repère et le 20e. Terminer en faisant coïncider le 25e repère avec le 23e.

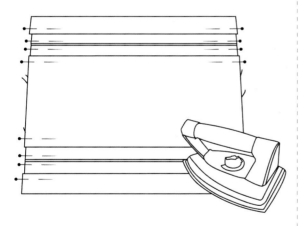

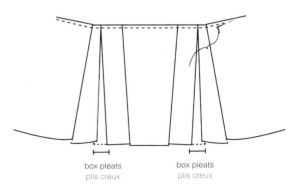

box pleats
plis creux   box pleats
plis creux

Iron all of the pleats.

Repasser tous les pans.

Sew a seam at the top to fasten and remove the pins.

Fixer le tout avec une couture dans la partie supérieure, et retirer toutes les épingles.

Fluted Pleats

Plis nervurés

Green muslin silk fluted pleats (right side)
Plis nervurés en mousseline de soie verte (endroit)

These are pleats used to uniformly join a large amount of cloth to a smaller base without making the fabric more voluminous. It involves backstitching the side of each pleat. Fluted pleats also have a decorative function on specific sections of a garment.

Ce sont des plis qui servent à réunir de façon uniforme une grande quantité de tissu sur une base plus petite, sans donner trop de volume au tissu. On réalise une couture au point arrière serré à côté de chaque pli. Les plis nervurés peuvent également remplir une fonction décorative sur certaines parties d'un vêtement.

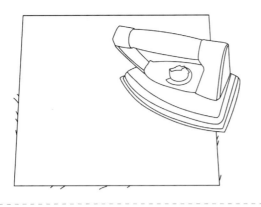

Iron the fabric to use.

Repasser le morceau de tissu.

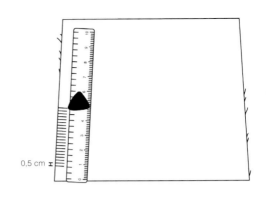

0,5 cm

With the ruler and a tailor's chalk, make some small marks 1/4 of an inch apart on one side of the piece of fabric. Remember that the final size of the fluted fold will be half the distance you leave between the marks, in this case, 1/8 of an inch.

À l'aide de la règle et de la craie savon, tracer de petits repères séparés de 0,5 cm sur l'un des côtés du tissu. Tenir compte du fait que la dimension finale du pli sera de la moitié de la distance entre les repères, 0,25 cm dans ce cas.

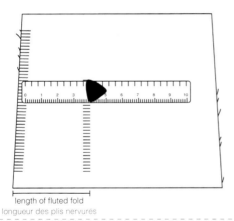

length of fluted fold
longueur des plis nervurés

Repeat the marks further along the fabric, leaving a distance between them that will determine the immobile length of the pleat.

Tracer le même nombre de repères en regard des premiers, à une distance qui déterminera la longueur immobile des plis nervurés.

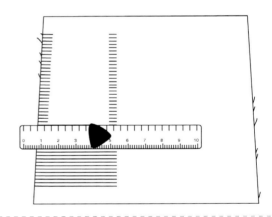

Join the marks with a straight line.

Relier les repères par des lignes droites.

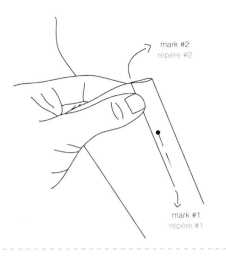

mark #2
repère #2

mark #1
repère #1

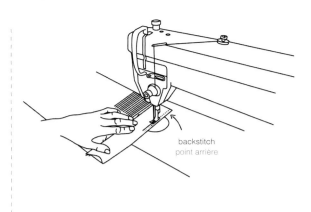

backstitch
point arrière

5

Fold the fabric to create a crest where the first mark joins the second. Pin.

Plier pour créer une crête en faisant coïncider le premier repère et le deuxième. Épingler.

6

Fasten the section by machine-sewing over the straight line.

Fixer cette section en passant la machine à coudre sur la ligne droite.

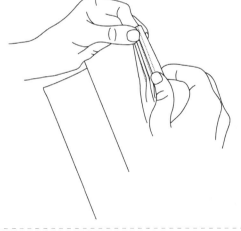

7

Gently smooth the pleat using the tip of the iron.

Aplatir le pli avec délicatesse en utilisant la pointe du fer à repasser.

8

Repeat the previous steps (5, 6 and 7) with the successive marks (mark 3 with mark 4, mark 5 with mark 6, mark 7 with mark 8, mark 9 with mark 10) until you have completed the desired area.

Répéter les étapes précédentes (5, 6 et 7) avec les repères suivants (repère 3 et 4, 5 et 6, 7 et 8, 9 et 10) jusqu'à couvrir la surface souhaitée.

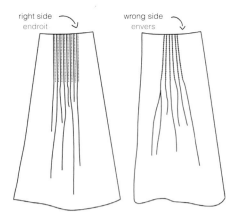

right side
endroit

wrong side
envers

9

Fluted folds can be used front-on, in relief work, or at the back, with the crest facing the other side and the seams hidden. You can even weave a thin ribbon inside each pleat limited by backstitching—in this case the seam should run the whole length of the fabric.

Les plis nervurés peuvent être utilisés sur l'endroit, avec le relief, ou sur l'envers, avec la crête sur l'autre côté et la couture dissimulée. On peut également ajouter un cordon à l'intérieur de chaque pli limité par la couture. Dans ce cas, la couture doit couvrir toute la longueur du tissu.

Organ Pleats

Plis d'orgue

Brown mouflon jersey organ pleat
Pli d'orgue en laine de mouflon marron

These pleats are comprised of a row of parallel cylindrical shapes in relief resembling the pipes of a pipe organ. There are seams at the bottom between each fold which keeps the shape of each of the tubular structures, which are molded with the aid of a steam iron. The end result of the pleat has a sculptural look which works best with thick, heavy fabrics with volume.

Ce plissage est composé d'une série de formes cylindriques parallèles en relief qui ressemblent aux tuyaux de l'instrument de musique. Entre chaque rouleau, une couture conserve la forme des structures tubulaires, qui sont modelées à l'aide d'un fer à vapeur. Le résultat final de ce plissage présente un aspect sculptural particulièrement adapté aux tissus lourds, denses et volumineux.

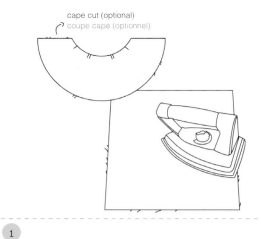

cape cut (optional)
coupe cape (optionnel)

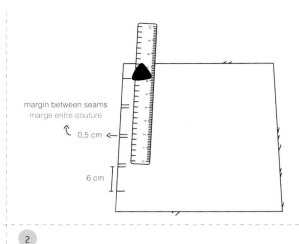

margin between seams
marge entre couture

0,5 cm ←

6 cm

2

Cut out and iron the piece of fabric to use. To experiment, you can follow the organ pleat steps on a piece of fabric cut like a cape (a half-circle with an opening at the top in the center) to get more volume in the bottom half of the fold.

Couper le morceau de tissu à utiliser, et le repasser. Pour expérimenter, on peut réaliser ces plis d'orgue sur une coupe en forme de cape (demi-cercle avec une ouverture dans le centre du cercle) pour obtenir davantage de volume dans la partie inférieure des plis.

With the chalk and a ruler, make small marks on one side to indicate the size of each pleat and the space between them (3 in / 0.5 in / 3 in / 0.5 in and so on). The margin between each seam can vary, depending on how you want the folds to meet up: the bigger the spacing, the further apart they will be.

Avec la craie savon et la règle, marquer de petits repères sur un côté pour indiquer les dimensions de chaque pli et l'espace qui sépare chacun d'entre eux (6 cm / 0,5 cm / 6 cm / 0,5 cm, etc.). La marge entre chaque couture peut varier en fonction de l'union souhaitée pour les rouleaux : plus l'espace sera grand, plus ils seront séparés.

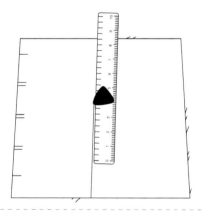

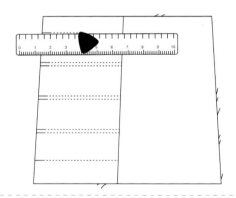

Draw a straight line delimiting the bottom seam of the folds.

Dessiner une ligne droite qui délimite la couture inférieure des rouleaux.

Then mark across to the line drawn in the previous step.

Puis faire coïncider chaque repère avec la ligne tracée lors de l'étape précédente.

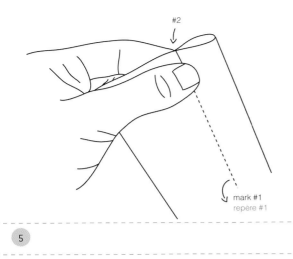

#2

mark #1
repere #1

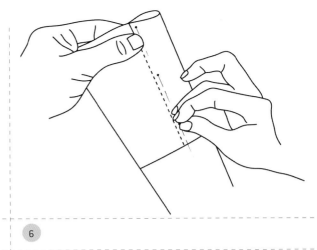

5

Pinch the material at the first mark and join it to the back of the second mark.

Pincer le premier repère et l'amener jusqu'à l'arrière du deuxième repère.

6

Fasten the fold with three pins in a straight line.

Fixer le rouleau à l'aide de trois épingles en ligne droite.

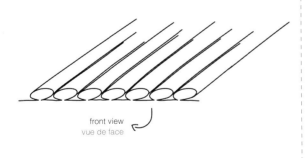

front view
vue de face

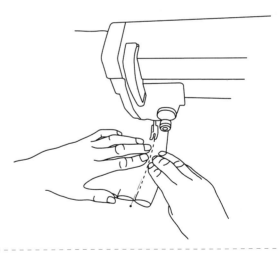

7

Repeat steps 5 and 6 throughout the length of the fabric.

Répéter les étapes 5 et 6 sur toute la largeur du tissu.

8

Once you have completed the whole of the area, sew along each straight line of pins in order to fasten all of the folds. If machine-sewing, take care with the pins. An alternative is to baste by hand and then sew the seams with the machine.

Une fois toute la surface préparée, coudre en suivant chaque ligne droite là où se trouvent les épingles afin de fixer la forme de tous les rouleaux. En cousant à la machine, prendre garde aux épingles. On peut également faufiler à la main avant de coudre à la machine.

steam
vapeur

9

Extend the material and apply steam (without letting the iron touch the surface).

Étendre le tissu et appliquer de la vapeur (sans appuyer le fer sur le tissu).

Filled Organ Pleats

Plis d'orgue rembourrés

Turquoise wool filled organ pleats
Plis d'orgue rembourrés en laine turquoise

The technique used for the initial execution of this pleat is the same as that of the organ pleat, with the difference that the inside of the folds is filled with kapok in order to make each cylinder rounder, fuller and more voluminous.

La technique utilisée de ce pli est au début la même que pour le pli d'orgue, mais l'intérieur des rouleaux est rembourré avec du kapok afin d'obtenir des cylindres plus ronds, plus pleins et plus volumineux.

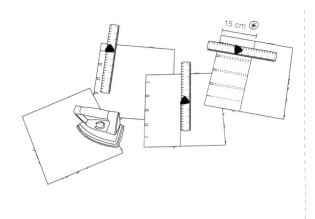

1

Follow steps 1, 2, 3 and 4 of the organ pleat.

Suivre les étapes 1, 2, 3 et 4 du pli d'orgue.

2

Cut out the amount of kapok you need to fill each fold. They should all have the same length (delimited by the transversal line of step 4), and width (experiment to see how much filling fits inside the fold).

Couper la quantité nécessaire de kapok pour remplir chaque rouleau. Tous les morceaux doivent avoir les mêmes dimensions en longueur (délimitée par la ligne transversale de l'étape 4) comme en largeur (faire des essais pour voir la quantité de kapok qui tient dans le cylindre).

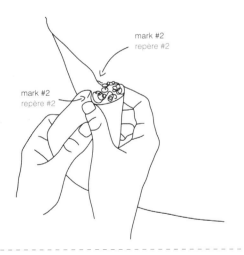

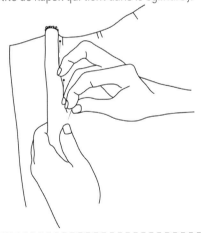

3

Take the first and second marks and introduce some kapok through the back of the material.

Prendre le premier et le deuxième repère et introduire un morceau de kapok par l'envers du tissu.

4

Fasten the kapok inside the fold with the help of pins.

Épingler le kapok à l'intérieur du rouleau.

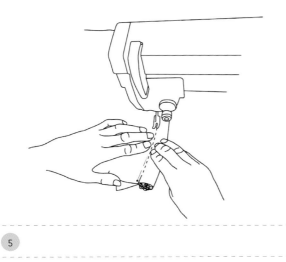

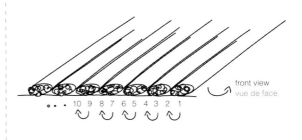

front view
vue de face

5

6

Machine-sew along the straight lines of the pins in order to keep the kapok inside the folds. Remove the pins as you go.

Coudre à la machine en suivant les lignes droites où se trouvent les épingles, en veillant à bien prendre le kapok dans la couture. Retirer les épingles au fur et à mesure.

Repeat the previous steps (3, 4 and 5) for the whole length of the piece of fabric.

Répéter les étapes précédentes (3, 4 et 5) tout le long du tissu.

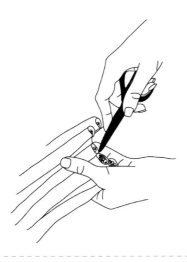

steam
vapeur

7

8

Extend the fabric and, with the aid of scissors (or a pencil) push any kapok that comes out of the ends of the folds back in.

Étaler le tissu et, à l'aide d'une paire de ciseaux (ou d'un crayon), faire rentrer le kapok qui dépasse aux extrémités de chaque rouleau.

Finish by applying a little steam from the iron.

Pour finir, appliquer un peu de vapeur avec le fer.

Filled Balls

Boules rembourrées

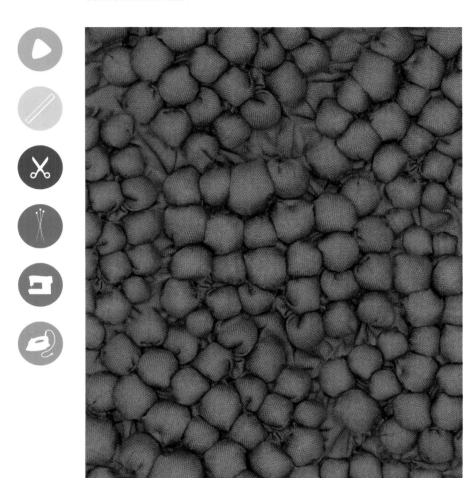

Green cotton poplin filled balls
Boules rembourrées en popeline de coton verte

These are little cloth spheres filled with kapok and sealed with a seam at the base around the ball. If you are after a close-woven look, it's best to work each sphere individually and then sew it at the base where it meets the other balls. This technique forms a very obvious relief on the fabric, an unusual texture to the touch and an original composition design.

Ce sont des petites sphères de tissu remplies de kapok et fermées par une couture tout autour de la boule. Si l'on souhaite une composition dense, il est préférable de travailler chaque boule séparément pour ensuite la coudre sur la base, où elle rejoint les autres boules rembourrées. Cette technique crée un relief très marqué sur le tissu, une texture curieuse au toucher et un motif original de compositions.

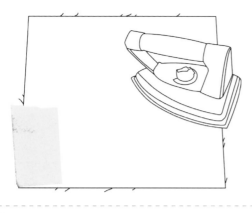

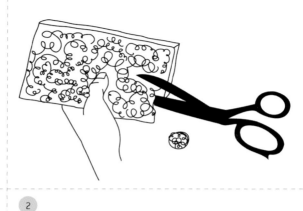

1

Cut out and iron the fabric to use.

Couper le morceau de tissu à utiliser, et le repasser.

2

Cut out small balls of kapok.

Couper de petites boules de kapok.

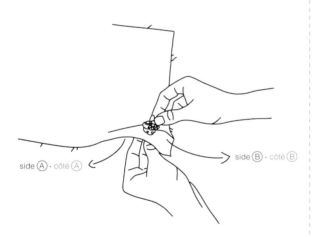

side Ⓐ - côté Ⓐ

side Ⓑ - côté Ⓑ

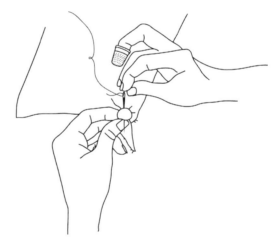

3

Hold a piece of kapok on the wrong side of the cloth (B) and wrap it around from the right side (A).

Poser un morceau de kapok sur l'envers du tissu (côté B), et l'envelopper avec le tissu sur l'endroit (côté A).

4

With the needle and thread, sew a stitch starting from the wrong side of the cloth until it emerges from one side of the ball.

Avec l'aiguille et le fil, faire un point en démarrant sur le côté envers du tissu et en ressortant sur un côté de la circonférence de la boule.

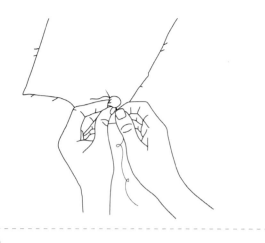

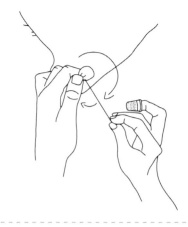

5

6

Continue stitching until the kapok is completely encased and the ball is nice and round.

Continuer à coudre jusqu'à ce que le kapok soit totalement emprisonné en créant une forme ronde.

To secure the kapok, wrap the thread around the ball three times. Then cast off and cut the thread at the wrong side of the cloth.

Pour assurer le kapok, enrouler le fil trois fois autour de la boule. Puis faire passer le fil sur l'envers du tissu et l'arrêter.

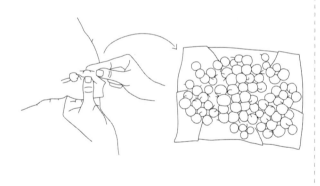

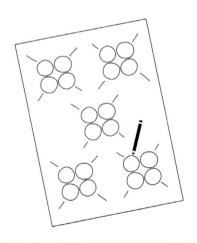

7

8

Fill the balls from the point closest to the last one made. Continue doing this (steps 3 to 6) for the whole of the fabric.

Continuer à remplir des boules en partant du point le plus proche de la dernière réalisée. Appliquer cette technique (étapes 3 à 6) sur tout le tissu.

To create a composition of filled balls, sketch the pattern on a sheet of paper before you start to work with it on the cloth.

Pour créer une composition de boules rembourrées, dessiner le patron sur une feuille de papier avant de passer à la réalisation sur le tissu.

Pliss Pleats

Froissé aléatoire

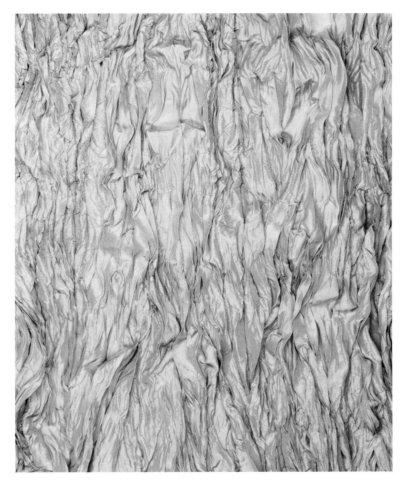

Pink taffeta plissé pleats
Froissé aléatoire en taffetas rose

This is a pleat that folds in many different directions and is formed by a wet cloth tensing and hardening during the time it needs to dry so that it is left with irregular lines caused by it collecting in a mass. It is a quick and easy pleat, requires little in the way of material and the final effect is one of flawed, natural beauty.

Ces plis aléatoires et multidirectionnels sont formés par la pression, la torsion et la fixation du tissu humide pendant le temps nécessaire à son séchage, ce qui imprime des lignes irrégulières causées par le chiffonnement du tissu. C'est un plissage très facile et rapide à réaliser, qui requiert peu de matériel, et le résultat final est d'une beauté imparfaite et naturelle.

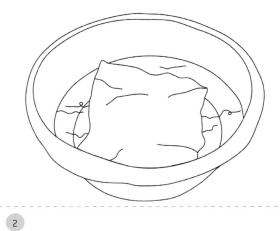

1

2

Cut out the piece of fabric to use.

Couper le morceau de tissu à utiliser.

Dilute a little starch in a container with water and submerge the cloth in it. Wring out excess water.

Diluer un peu d'amidon dans un récipient d'eau et y submerger le tissu. Essorer l'excédent d'eau.

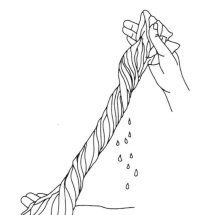

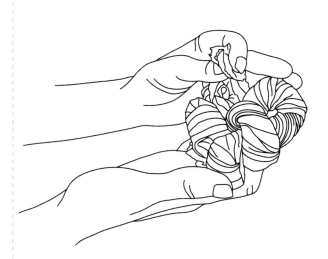

3

4

Hold out the wet fabric by the ends and twist in one direction (as if it was a screw) while the water wrings out.

Tenir le tissu humide par ses extrémités et le tordre dans une seule direction (comme si c'était une vis) pendant l'essorage.

Continue to twist until the now-tense cloth begins to roll up on itself.

Continuer à essorer jusqu'à ce que le tissu, déjà tendu, commence à s'enrouler sur lui-même.

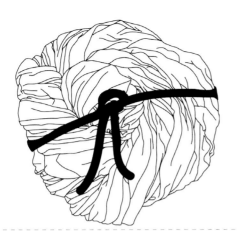

5

6

When the fabric looks like a spiral, fasten it with a cord or wrap the ends of the cloth around it.

Lorsque le tissu commence à ressembler à une spirale, l'attacher avec un cordon ou en enroulant les extrémités du tissu sur elles-mêmes.

Leave it to dry, preferably in the sun or a ventilated space, as long as needed. Then unwrap and extend the pleats.

Laisser sécher, de préférence au soleil ou dans un espace aéré, pendant le temps nécessaire. Puis défaire la spirale et étendre les plis.

Pink taffeta plissé pleats
Froissé aléatoire en taffetas rose

Vertical Pliss Pleats

Froissé vertical

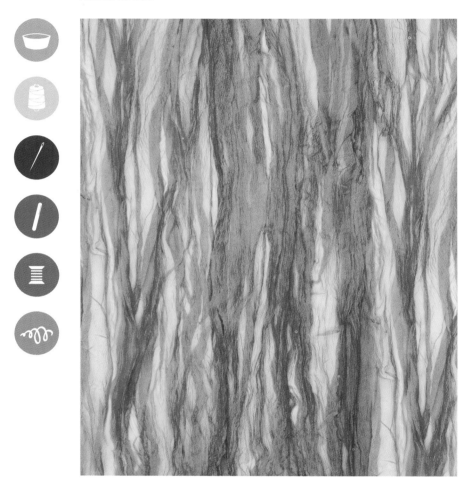

Strawberry silk gauze vertical plissé pleats
Froissé vertical en gaze de soie fraise

These are pleats of unequal crests made with the aid of a broomstick to structure the irregular pleats in the same direction. This technique works best with lightweight fabrics.

Ce plissage aux crêtes irrégulières est réalisé à l'aide d'un manche à balai pour structurer les plis irréguliers en leur donnant une seule direction. Cette technique fonctionne particulièrement bien sur les tissus légers.

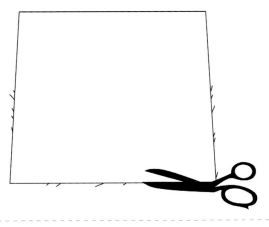

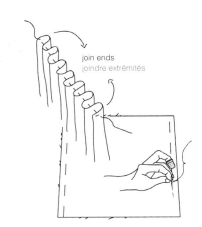

join ends
joindre extrémités

1

Cut out the piece of fabric to use.

Couper le morceau de tissu à utiliser.

2

Join the two opposite ends on top of the fabric with broad stitches and repeat the process on the bottom.

Unir les deux côtés opposés dans la partie supérieure du tissu avec des points larges et répéter l'opération dans la partie inférieure.

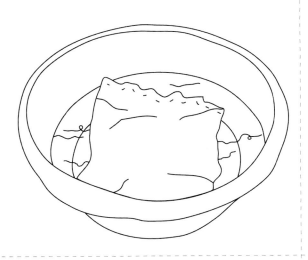

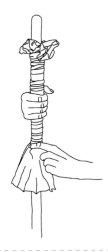

3

Submerge the fabric in a container with water and a little starch. Then pat off the excess water with a cloth.

Submerger le tissu dans un récipient rempli d'eau et d'un peu d'amidon. Puis retirer l'excédent d'humidité à l'aide d'un torchon.

4

Roll the fabric vertically around a broomstick (or any plastic tube) and wrap with a strip of cloth until completely covered.

Enrouler le tissu dans le sens vertical autour d'un manche à balai (ou d'un tube en plastique quelconque) et envelopper le tout d'une bande de tissu jusqu'à ce que l'ensemble soit entièrement recouvert.

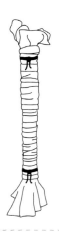

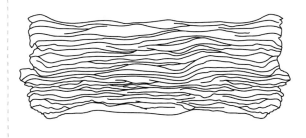

5

6

Fasten the top and bottom of the cylinder with an elastic band.

Attacher la partie inférieure et supérieure du cylindre avec des élastiques.

Leave to dry for a number of days in a warm, dry place. Then unwrap, extend the fabric and remove the stitches.

Laisser sécher plusieurs jours dans un endroit chaud/tiède et sec. Puis défaire le cylindre, étendre le tissu et retirer les points.

Fantasy Gathering

Fronces fantaisie

Purple muslin gauze fantasy gathering
Fronces fantaisie en gaze de mousseline violette

These are deep creases backstitched by hand in a casual fashion with the idea of concentrating a number of gathers on the same point. This technique gives a gathered effect because of the natural pleats in an alternating composition. Gathering is a delicate technique which takes a great deal of time because the garment requires a large amount of fabric.

Ce sont des plis profonds, cousus à la main avec des points arrière dans une forme aléatoire dans le but de concentrer plusieurs fronces sur un même point. L'effet obtenu est un chiffonnement avec des plis naturels dans une composition alternée. C'est une technique délicate qui requiert beaucoup de temps lorsqu'il faut traiter une grande quantité de tissu.

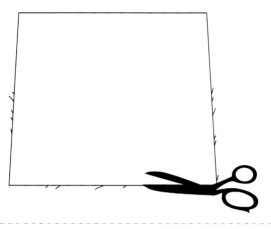

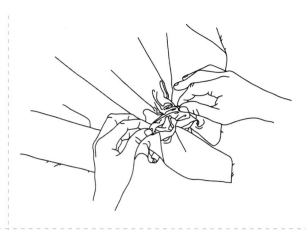

1

2

Cut out a piece of fabric. To gather it, work with fine, transparent fabrics.

Couper un morceau de tissu. Pour froncer, il est conseillé de travailler sur des tissus légers et transparents.

Stitch a small amount of fabric to form small gathers.

Coudre une petite quantité de tissu en formant de petites fronces.

side Ⓑ - côte Ⓑ

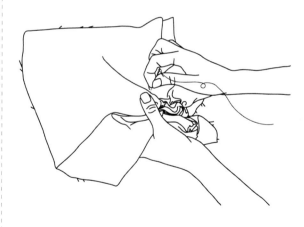

3

4

Fasten the gathering by introducing the needle into the wrong side of the fabric (side B). Sew a number of stitches until the fabric is joined together and then cast off. Use a thread in a similar color to the fabric to conceal any stitches that may be visible.

Fixer ces fronces en introduisant l'aiguille par l'envers du tissu (côté B). Faire plusieurs points jusqu'à ce que le tissu ramassé sur lui-même soit assuré, puis arrêter le fil. Utiliser un fil d'une couleur semblable à celle du tissu afin de dissimuler les points qui pourraient être visibles.

Repeat the process (steps 2 and 3), always starting from the section closest to the last gather you made.

Répéter l'opération (étapes 2 et 3) en partant toujours du point le plus proche de la dernière fronce réalisée.

When you finish gathering all of the cloth, sew the folds onto a base. This ensures the stitches at the wrong side will be completely covered.

Une fois tout le tissu froncé, coudre le pli sur une base, ainsi les points de l'envers seront complètement recouverts.

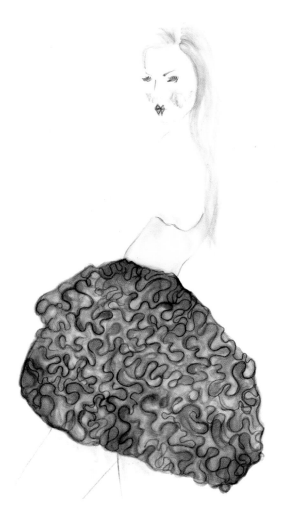

Shirring

Fronces doubles

Khaki cotton shirring
France double en coton kaki

This is two or more rows of ruffles gathered together where the equally spaced stitches meet in the middle. It is usually used as a decorative element on particular sections of a garment.

C'est un volant réalisé sur deux épaisseurs, froncé par l'union centrale de points réalisés à intervalles réguliers. En général il sert d'élément décoratif sur certaines parties d'un vêtement.

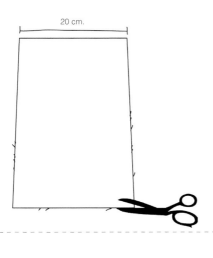

1

Cut the fabric to use into a rectangular shape. Remember that the final width of the gather will be half the initial measurement.

Couper un rectangle de tissu. Tenir compte du fait que la largeur finale des fronces sera de la moitié de la mesure initiale.

2

Fold the fabric in half.

Plier le tissu en deux.

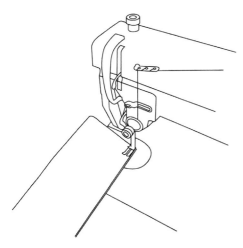

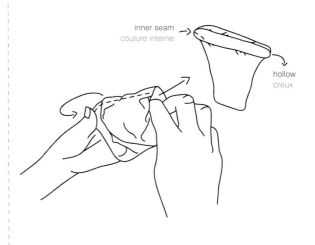

inner seam
couture interne

hollow
creux

3

4

With the sewing machine, sew the side that is open.

Avec la machine à coudre, fermer le côté ouvert.

Hide the stitches by turning the fabric inside out: thread one of the corners of the cloth into the fold and pull it out the other end.

Cacher la couture en retournant le tissu : introduire l'un des coins du tissu à l'intérieur du cylindre, et le faire ressortir par l'autre côté.

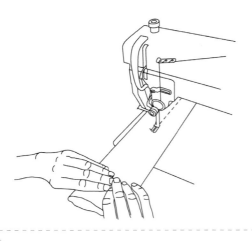

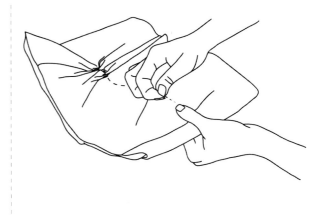

Sew along the middle of the cloth while keeping the two layers together. This step (and step 3) can be done with a sewing machine, choosing the biggest size backstitching and loosening the thread tension a little.

Coudre au milieu du tissu en prenant en même temps les deux épaisseurs. Cette étape (ainsi que l'étape 3) peut se réaliser à la machine à coudre en sélectionnant la taille maximum de point arrière serré et en relâchant un peu la tension du fil.

Hand-hem the fabric and gather it as you work towards the end.

À la main, réaliser une couture de type point de fronce, et froncer le tissu au fur et à mesure.

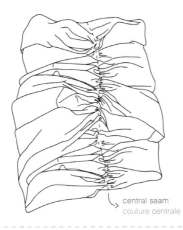

central seam
couture centrale

7

When you finish, bunch it together again until you get the desired effect. Then cast off.

À la fin du tissu, froncer de nouveau jusqu'à obtenir l'effet souhaité. Puis arrêter le fil.

Ruffle Strips

Bandes froncées

Multicolored hand-dyed satin and muslin gauze ruffle strips
Fronces sur bandes en satin de soie et gaze de mousseline de différentes couleurs teintes à la main

This type of ruffle consists of strips of cloth gathered together and later sewn to a base. It has an organic, natural shape that works best with sheer, light fabrics that drape well. You can adapt a number of ruffle strips to create a design on a base cloth or join each one together individually on strategic sections of a garment.

Ce sont des bandes de tissu froncées puis cousues sur une base. Leur forme organique et naturelle est particulièrement adaptée aux tissus vaporeux, légers et faciles à modeler. On peut regrouper un certain nombre de bandes froncées pour créer un motif sur un tissu de base, ou bien les positionner individuellement sur des endroits stratégiques d'un vêtement.

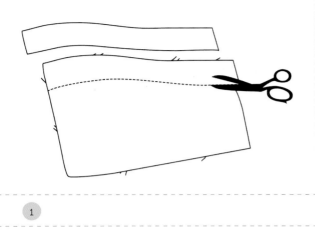

Cut various strips of cloth, preferably the same width (the length can vary). Remember that the final ruffle height will be half the width of the strip.

Couper plusieurs bandes de tissu, de préférence de la même largeur (la longueur peut varier). Tenir compte du fait que la hauteur finale des fronces sera de la moitié de la largeur de la bande.

Take the first strip and fold along the middle, making the corners match.

Prendre la première bande et la plier en deux en faisant coïncider les coins.

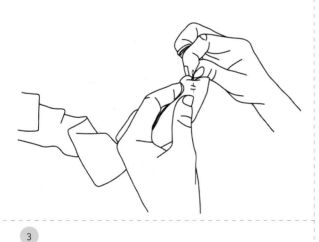

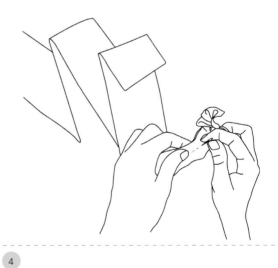

With a needle and thread, backstitch over the folded cloth to sew the whole of the side of the strip.

Avec un fil et une aiguille, coudre un point arrière serré qui traverse les deux épaisseurs de tissu afin de coudre tout le côté de la bande.

Hem along the strip. Tug on the thread and gather the fabric as you go.

Coudre un point de fronce tout le long de la frange. Tirer sur le fil et froncer le tissu au fur et à mesure.

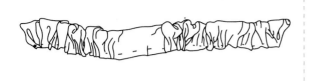

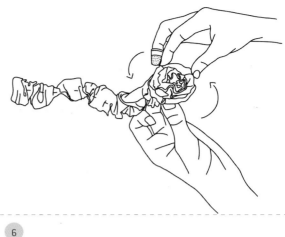

5

Close the seam at the end of the tape.

Fermer la couture à la fin de la bande.

6

To create a spiral shape with the gathered strip, roll it up around the middle. The strip should not be pulled tight so that it can be rolled easily.

Pour créer une fleur en escargot avec la bande froncée, l'enrouler sur elle-même. Pour que la bande puisse s'enrouler sur elle-même, les fronces ne doivent pas être trop serrées.

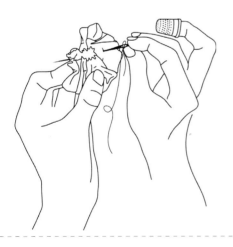

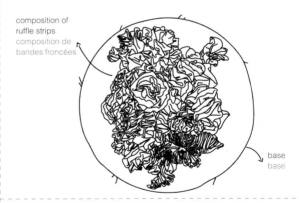

composition of
ruffle strips
composition de
bandes froncées

base
base

7

With a needle and thread, go over the hems that make up the spiral with various stitches to fasten them in place.

Avec un fil et une aiguille, coudre quelques points qui maintiendront la forme de la fleur.

8

Gather the number of ruffles you need to press down on the base fabric on which the ruffle strip composition will be assembled.

Froncer suffisamment de bandes pour couvrir le tissu de base de la composition.

Circular Flounce

Volant circulaire

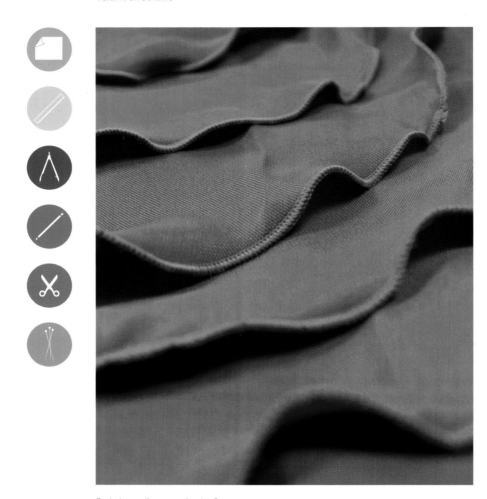

Fuchsia muslin gauze circular flounce
Volant circulaire en gaze de mousseline fuchsia

This technique is simple to do and consists of a circle of fabric with a hole in the middle which, when it is opened and straightened out from the top, creates the regular waves that form the flounce.

Cette technique est facile à réaliser. C'est un rond de tissu doté d'un trou central qui, lorsqu'il s'ouvre et se redresse par l'extrémité supérieure, créer les vagues régulières qui forment le volant.

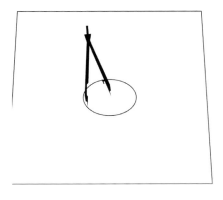

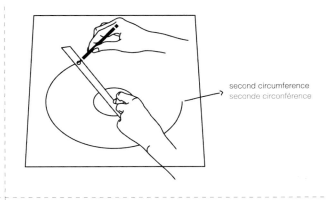

second circumference
seconde circonférence

1

Use the compass to draw a circle on the manila paper.

À l'aide du compas, dessiner un cercle sur le papier manille.

2

Draw another circle, bigger than the first one, with the radius starting at the same point. If the compass isn't big enough or you don't have a ruler with a hole in it, improvise by cutting a strip of paper with a small hole at one end and turn it around in the middle.

Tracer un autre cercle plus grand que le précédent, mais avec le même centre. Si le compas n'est pas assez grand ou que la règle n'a pas de trou, improviser en coupant une bande de papier et en y aménageant un petit trou à une extrémité, et la faire tourner autour du centre.

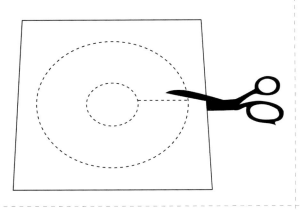

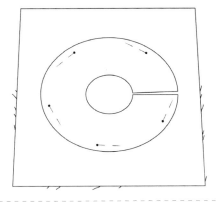

3

With the scissors, cut out around the lines of the two circles.

À l'aide des ciseaux, couper en suivant les lignes des deux cercles.

4

Position the paper (now in the shape of a ring) on the fabric and pin it.

Poser le papier (qui a maintenant une forme d'anneau) sur le tissu et l'y épingler.

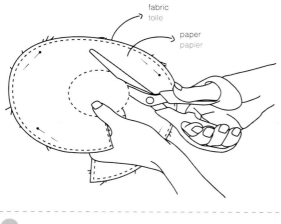

fabric
toile

paper
papier

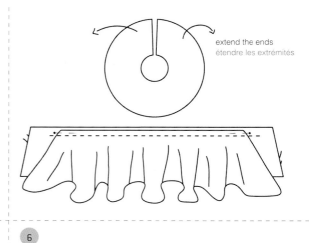

extend the ends
étendre les extrémités

5

Continue cutting out the paper pattern.

Couper en suivant le patron du papier.

6

Remove the pins and separate the fabric from the paper pattern. Extend the ends of the fabric and, using pins to help you, fasten the corners on a base. To finish, sew the top part to fasten the flounce.

Retirer les épingles et enlever le papier. Étendre les extrémités du tissu et épingler les coins sur une base. Pour finir, coudre la partie supérieure pour fixer le volant.

7

The flounce can hang in different ways depending on the diameter of the inner circle, the radius between the two circles and the composition to make: freely draping flounces, straight-line flounces, curved flounces, etc.

Le volant tombera différemment en fonction du diamètre du cercle interne, de la distance entre les deux cercles et de la composition à réaliser : volants libres, en ligne droite, curvilignes, etc.

Spiral Flounce

Volant escargot

Red elastane cotton spiral flounce
Volants escargot en coton élasthanne rouge

The technique for this flounce is similar to that of the circular flounce, with the peculiarity that the pattern is in the shape of a spiral (or snail) instead of a circle. When you tug the spiral by the ends, the part closest to the center will have more wave. This method makes better use of the amount of fabric, and the flounce will be longer than the circular variety.

La technique de ce volant est similaire à celle du volant circulaire, mais le patron est en forme de spirale (ou d'escargot) et non de cercle. En étirant la spirale par ses extrémités, la partie la plus proche du centre est la section la plus ondulée. Cette méthode permet de mieux tirer parti de la quantité de tissu disponible, et le volant sera plus long que le circulaire.

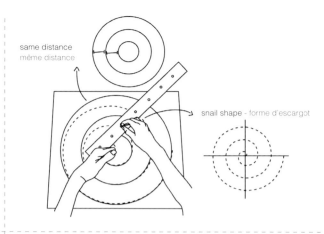

same distance
même distance

snail shape - forme d'escargot

Cut out two pieces of manila paper of the same size.

Couper deux morceaux de papier manille de mêmes dimensions.

Draw a spiral on one of the sheets of paper. If possible, first draw the shape on your computer, print it out and use it as a pattern. Another option is to draw various circles of increasing size while keeping the same distance between them and then join them together with curved lines (dotted) to achieve the shape of a snail.

Dessiner une spirale sur l'un d'eux. Si possible, tracer la forme sur ordinateur, l'imprimer et l'utiliser comme patron. Il est également possible de dessiner plusieurs cercles de taille croissante en maintenant toujours la même distance entre eux, puis de les relier avec des lignes courbes (lignes en pointillés) pour obtenir une forme en escargot.

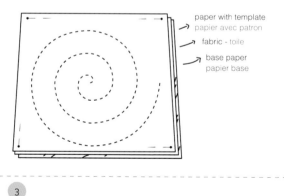

paper with template
papier avec patron

fabric - toile

base paper
papier base

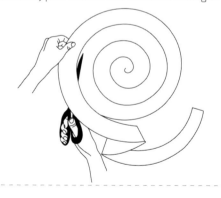

Position the unmarked sheet of manila paper as the base and on top of it place the fabric on the weave and finally position the manila paper with the spiral drawing on top. Fasten the three layers with pins.

Se servir du papier manille vierge comme base. Poser dessus le tissu dans la direction du droit-fil, puis poser le papier manille qui porte la spirale. Épingler les trois épaisseurs ensemble.

Cut out along the lines of the spiral. Start from the circle furthest out and work in toward the center of the pattern.

Couper en suivant les lignes de la spirale. Commencer par le cercle le plus externe jusqu'à arriver au centre du patron.

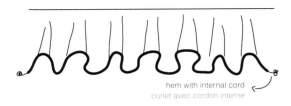

hem with internal cord
ourlet avec cordon interne

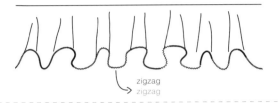

zigzag
zigzag

 5

To hem the edges of the flounce, position a piece of cord (satin cord edging) at the end of the flounce, roll it out and carefully hand or machine sew. Alternatively, machine-sew zigzag stitching (selecting the smallest stitches). Another option is to make a hem with a darning machine.

Pour faire l'ourlet sur les bords du volant, poser un cordon fin au bord du volant, l'enrouler et le coudre soigneusement à la main ou à la machine. Ou bien coudre des points zigzag à la machine (sélectionner la taille de point la plus petite). Ou encore, faire un point de surjet à la surjeteuse.

 6

The snail-shaped flounce pattern can also be used to make the shape of an irregular spiral, with the outside part wider than the middle.

Le patron du volant escargot peut également suivre la forme d'une spirale irrégulière, avec la zone externe plus large que le centre.

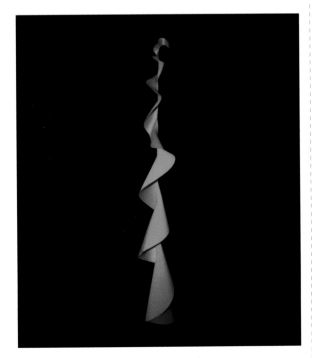

Red elastane cotton spiral flounces (on a base)
Volants escargot en coton élasthanne rouge (sur base)

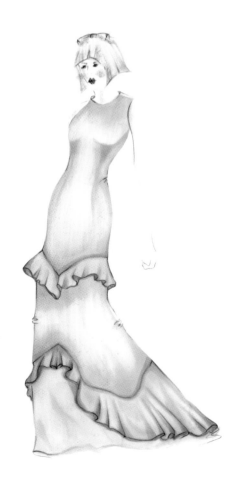

Honeycomb Pattern

Nid d'abeille

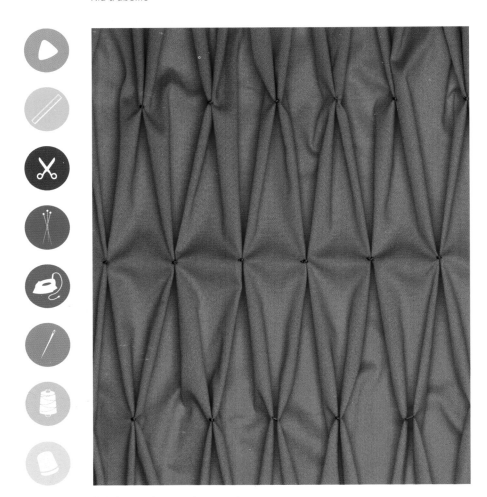

Fuchsia cotton honeycomb pattern pleat
Nid d'abeille en coton fuchsia

A honeycomb pattern pleat is formed of a vertical structure of box pleats, connected with small visible stitches that create hills and plains one after the other along the length of the fabric to create a skeleton of diamond shapes, the length of which is determined by the distance between each stitch. You can choose to iron each pleat, depending on the final effect you want.

Le plissage en nid d'abeille est une structure verticale de plis creux reliés par de petits points visibles qui créent des reliefs et des creux intercalés sur toute la surface du tissu pour former un squelette de losanges allongés (ou non) déterminés par la distance entre chaque point. Le repassage de chaque pli est optionnel, puisqu'il dépend de l'effet final recherché.

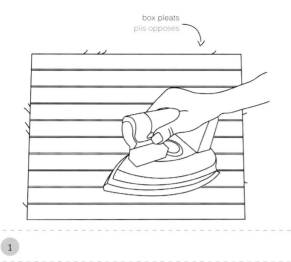

box pleats
plis opposés

1

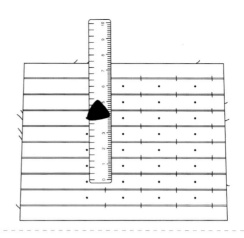

2

Follow the box pleat technique explained above on a piece of fabric. Leave the ends open, without stitching.

Sur un morceau de tissu, appliquer la technique du plissage en creux expliquée au début de ce livre. Laisser les extrémités ouvertes, sans coutures.

With the ruler and a tailor's chalk, make marks on the edge of the box pleats. Then draw dots between each pleat and the marks. A mark, two dots and a mark form a diamond. Then calculate how to divide them exactly and make a balanced composition on the fabric.

À l'aide de la règle et de la craie savon, marquer des repères sur la marge des plis. Puis dessiner des points au milieu de chaque pan et des repères marqués. Un repère, deux points et un repère forment un losange. À partir de là, calculer de façon à obtenir une division exacte et une composition équilibrée sur le tissu.

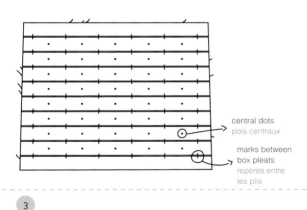

central dots
pois centraux

marks between
box pleats
repères entre
les plis

3

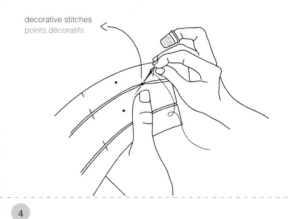

decorative stitches
points décoratifs

4

The first row (marks) binds the edges between the neighboring pleats, and the second row (dots) indicates the central point between the corners of each same pleat.

La première file (de repères) est celle qui relie les bords entre les pans voisins et la deuxième file (de points) est celle qui indique le point central d'union entre les coins d'un même pan.

With a needle and thread, sew some decorative stitches on the edge of the box pleats to fasten them where they join.

Avec le fil et l'aiguille, réaliser des points décoratifs sur le bord des pans pour les joindre.

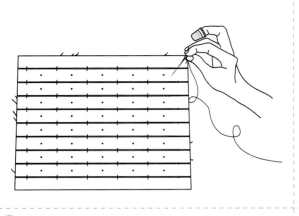

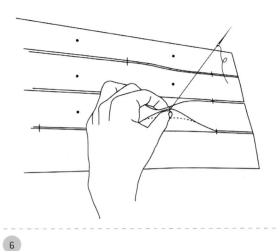

5

6

Edgestitch the whole of the row, joining the neighboring pleats by the ends.

Border toute la file en unissant les pans voisins par leurs extrémités.

The second row, formed of dots, creates the hill on each pleat, which in turn forms the angles of the diamond. Gather the two edges of the first pleat inward until they meet in the middle.

La deuxième file, formée de points, crée la petite montagne de chaque pan, c'est-à-dire les côtés du losange. Rassembler les deux bords du premier pan vers l'intérieur jusqu'à ce qu'ils se rejoignent au centre.

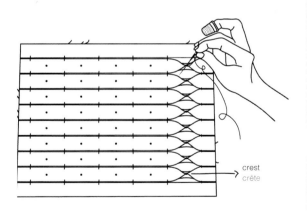

crest
crête

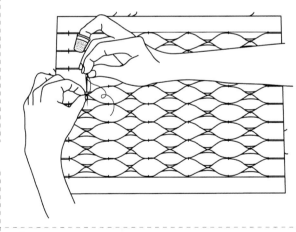

7

8

Stitch the crest of each join and repeat the process along the whole of the row.

Assurer avec quelques points sur la crête de chaque union, et répéter l'opération sur toute la file.

Repeat the previous steps (4, 5, 6 and 7) until you have finished the entire surface in a honeycomb pattern.

Répéter les étapes précédentes (4, 5, 6 et 7) jusqu'à ce terminer toute la surface.

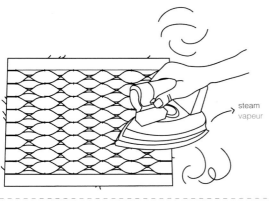

steam
vapeur

At the end, apply a bit of steam with the iron.

Pour finir, appliquer un peu de vapeur avec le fer.

Fuchsia cotton honeycomb pattern pleat
Nid d'abeille en coton fuchsia

Wave Stitch

Plis ondulés

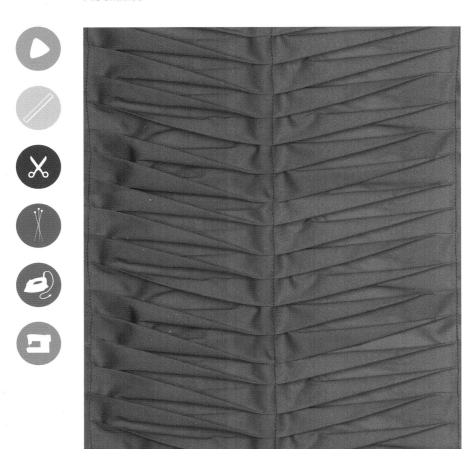

Fuchsia cotton wave stitch pleats
Plis ondulés en coton fuchsia

This is a fantasy fold that starts out exactly the same as the method to create the knife pleats shown before. The folds turn in the same direction until a straight seam delimits them in order to start with new wave stitch fold in the opposite direction. Making these waves on panels creates a composition with movement thanks to the play of relief and depth in the fabric.

Ce plissage fantaisie se démarre exactement de la même façon que pour réaliser les plis couchés présentés au début de ce livre. Les plis vont dans la même direction jusqu'à ce qu'une couture droite les délimite pour marquer le début d'autres plis ondulés qui vont dans la direction contraire. La structure en panneau de ces ondulations crée des mouvements grâce à l'alternance de reliefs et de creux dans le tissu.

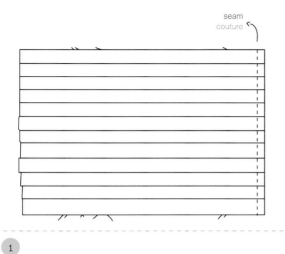

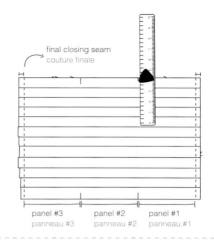

1

2

On a piece of fabric, follow the technique for knife pleats. Follow all of the illustrated steps on the pages for this pleat.

Sur un morceau de tissu, appliquer la technique des plis couchés. Suivre toutes les étapes illustrées des pages de ce plissage.

After fastening the pleats on one side, divide the fabric into equal panels, making small marks on both sides of the fabric. Consider the size of the seam that closes the other side of the pleat (see last step).

Après avoir fixé les plis sur un côté, diviser le tissu en panneaux égaux en marquant de petits repères sur les deux côtés. Tenir compte de la réserve pour la couture qui ferme l'autre côté du pli (voir dernière étape).

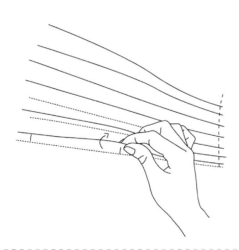

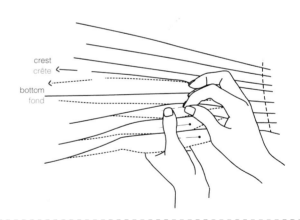

3

4

Take the first pleat (from the first panel), using the first dividing mark as a reference point.

Saisir le premier pli (du premier panneau), en prenant comme référence le premier repère de division.

Twist the pleat until the crest touches the bottom of the next pleat. Fasten with a pin.

Faire onduler le pan de ce pli jusqu'à ce que sa crête touche le fond du pan suivant. Épingler l'ondulation.

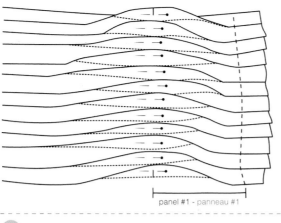

panel #1 - panneau #1

5

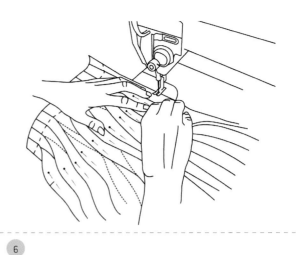

6

Repeat the previous steps (3 to 5) along the whole of the surface.

Répéter les étapes précédentes (3 à 5) sur toute la surface.

After pressing all the waves, machine-sew, following the mark that divides the first panel of wavy pleats, where the pins are. Remove the pins carefully as you go.

Après avoir épinglé toutes les ondulations, coudre à la machine en suivant le repère qui divise le premier panneau de plis ondulés, là où se trouvent les épingles. Les retirer avec précaution au fur et à mesure de la couture à la machine.

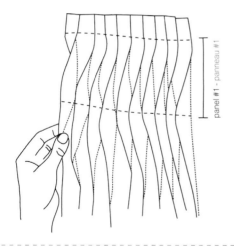

panel #1 - panneau #1

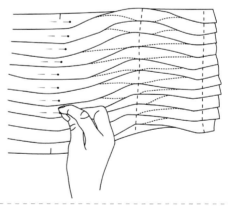

panel #1 - panneau #1

7

8

When you have finished sewing, start the process with the next panel of pleats, which will turn in the opposite direction to the previous ones.

Une fois la couture terminée, recommencer l'opération avec le panneau suivant, dans lequel les pans des plis onduleront dans la direction opposée.

Take the last pleat and twist until the crest touches the bottom of the following one. Fasten with a pin and continue to twist the pleats along the whole of the second panel. When you finish, the pleats will have a mirror effect.

Prendre le dernier pan et le tordre jusqu'à ce que sa crête touche le fond du pan suivant. Épingler et continuer à faire onduler les pans sur tout le deuxième panneau. À la fin de l'opération, les pans créeront un effet miroir.

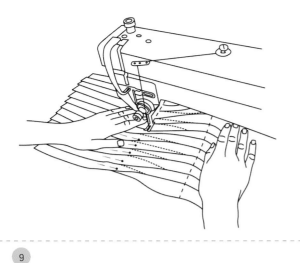

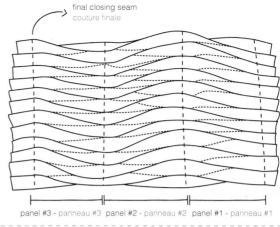

final closing seam
couture finale

panel #3 - panneau #3 panel #2 - panneau #2 panel #1 - panneau #1

9

Then machine-sew to fasten the wavy pleats.

Puis coudre à la machine pour fixer les plis ondulés.

10

Twist the pleats of the third panel, starting from the first one. When you finish, secure the waves with the sewing machine.

Tordre les plis du troisième panneau en commençant par le premier pli. Pour finir, assurer les ondulations à la machine à coudre.

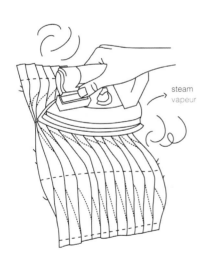

steam
vapeur

11

When you have finished the whole of the fabric, apply a bit of steam with the iron.

Une fois tout le tissu terminé, appliquer un peu de vapeur avec le fer.

Bow Tie

Plis nœud papillon

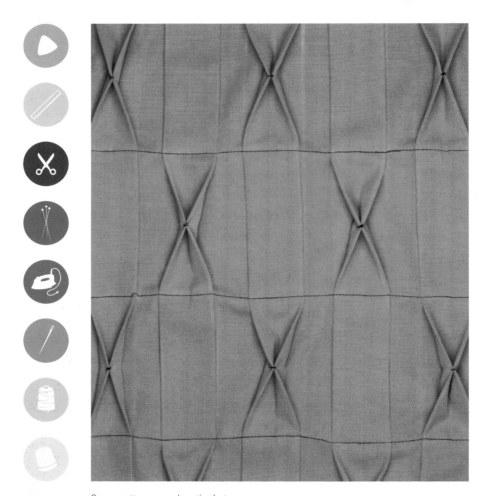

Orange cotton canvas bow-tie pleats
Plis nœud papillon en toile de coton orange

Bow-tie pleats are formed from a surface of evenly spaced box pleats. The edges are raised, twisted and fastened with cross-stitching in order to give the look of a bow tie. The composition on the fabric follows a zigzag pattern and looks great on firm, dense fabrics with resistant fibers.

Les nœuds papillon se créent sur une surface de plis creux espacés. Les bords des pans se soulèvent, se tordent et se fixent à l'aide d'une couture transversale, ce qui donne l'apparence d'un petit nœud papillon. La composition sur le tissu suit un patron en zigzag qui donne un bel effet sur les tissus fermes, denses et résistants.

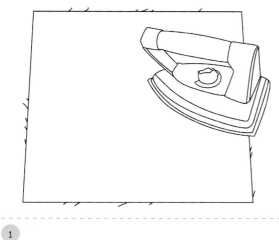

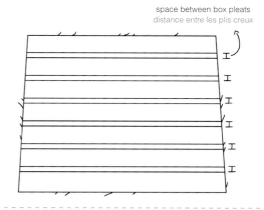

1

Cut out and iron the section of fabric to use.

Couper le morceau de tissu à utiliser, et le repasser.

2

Cover the whole of the surface with an odd number of box pleats. This time, leave a space between each one.

Couvrir toute la surface d'un numéro impair de plis creux. Cette fois, laisser un espace entre chaque pli.

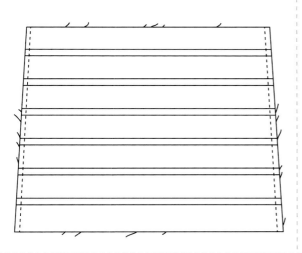

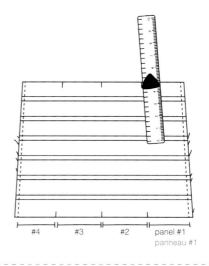

#4   #3   #2   panel #1
                      panneau #1

3

With the sewing machine, fasten the pleats with a seam, following both ends of the fabric.

À la machine à coudre, fixer les plis avec une couture qui suit les deux extrémités du tissu.

4

Divide the fabric into four equal panels. Use the chalk to mark the separation from right to left on the fabric.

Diviser le tissu en quatre panneaux égaux. Avec la craie savon, marquer la séparation sur les bords du tissu à gauche et à droite.

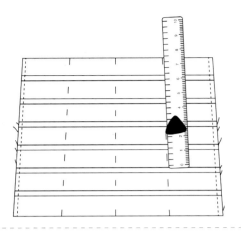

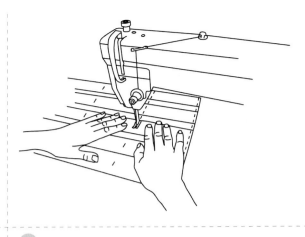

Join the marks with small dotted lines on the pleats. They will be your guide when it comes to sewing.

Relier les repères en traçant des lignes en pointillés délicates sur les pans des plis. Elles serviront de guide pour coudre.

With the sewing machine, secure the division of each panel with a seam along the width of the fabric. Follow the dotted lines and repeat this process on the following rows.

À la machine à coudre, assurer la division de chaque panneau avec une couture tout le long du tissu. Suivre les lignes en pointillés et répéter l'opération sur les files suivantes.

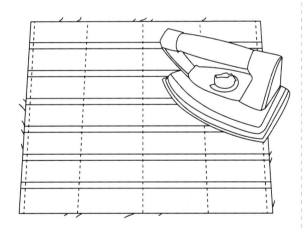

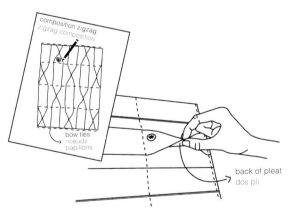

composition zigzag
zigzag composition

bow ties
noeuds
papillons

back of pleat
dos pli

Press the pleats with the iron.

Aplatir les plis au fer.

On a sheet of paper, draw the zigzag composition of the bow ties before making the pleats on the fabric. Start with the first panel: join the edges of one of the pleats toward the center to create a bow. The height of the bow tie will be just under half the width of the pleat.

Sur une feuille, dessiner la composition en zigzag avant de réaliser les plis sur le tissu. Commencer sur le premier panneau : joindre les bords de l'un des pans vers le centre pour créer un nœud. La hauteur de ce nœud sera d'un peu moins de la moitié de la largeur du pan.

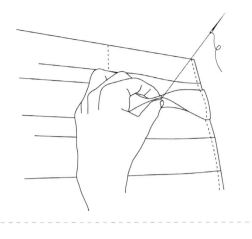

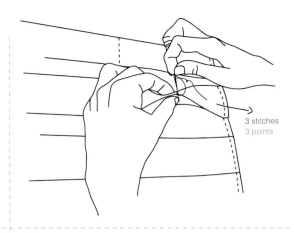

3 stitches
3 points

With the needle and thread, sew the center of the bow tie. Pass the needle from behind the fabric, right on the edge of the pleat, until it crosses the other edge of the pleat.

Avec le fil et l'aiguille, coudre le centre du nœud. Faire passer l'aiguille par l'envers du tissu, juste au bord du pan, jusqu'à ce qu'elle traverse l'autre bord.

Make three stitches at the top of the cross to secure the bow. Use a decorative stitch to create dominant elements in the general pleat design. Cast off and cut the thread on the back of the fabric.

Réaliser trois points dans la partie supérieure du croisement pour assurer le nœud. Utiliser un point décoratif pour créer des éléments dominants dans le motif général du pli. Puis faire passer le fil sur l'envers du tissu et l'arrêter.

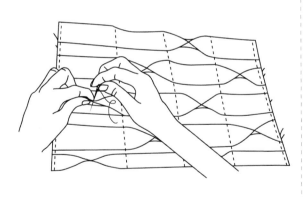

steam
vapeur

11

Create bow ties (steps 8, 9 and 10) along the whole of the surface, in accordance with the composition you have designed.

Créer des nœuds (étapes 8, 9 et 10) sur toute la surface en suivant la composition dessinée.

When you finish, apply a bit of steam to the whole of the area.

Pour finir, appliquer un peu de vapeur avec le fer sur toute la surface.

Double Peaked Fantasy

Fantaisie à doubles pointes

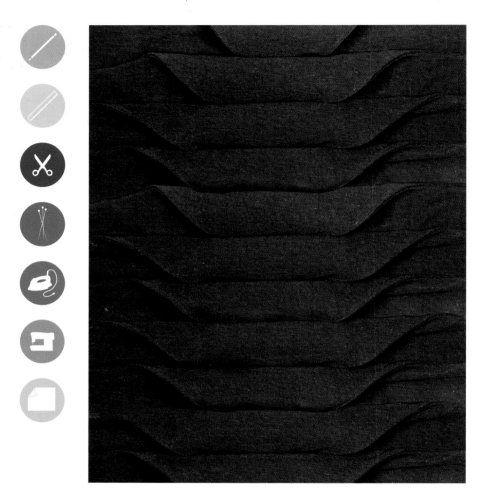

Navy blue elastane cotton double peaked fantasy folds
Plissage fantaisie à doubles pointes en coton élasthanne bleu marine

Double-peaked folds are done with various individual pieces built to scale and later joined together from smallest to biggest. They require double fabric and internal stitching to create the wavy peak. This is a fold where you can use your imagination to achieve creative variations on the design, structure and final composition.

Le plissage à doubles pointes se réalise à l'aide de plusieurs pièces individuelles disposées en échelle puis jointes par ordre croissant. On utilise deux épaisseurs de tissu et des coutures internes pour créer chaque pointe ondulée. Avec un peu d'imagination, ce plissage permet d'obtenir des variations créatives sur le motif, la structure et la composition finale.

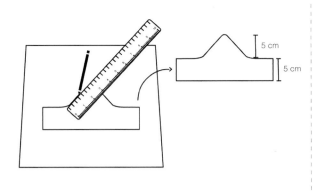

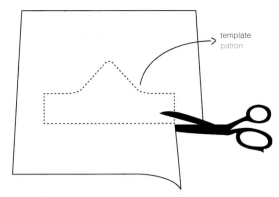

Take the manila paper and draw the shape of a rectangle with a pencil and ruler, with a peak that projects out from the middle of the top of the drawing. The peak and the rectangle must be the same height.

Sur le papier manille, tracer avec le crayon et une règle la forme d'un rectangle avec une pointe qui dépasse du centre supérieur du dessin. La pointe et le rectangle doivent avoir la même hauteur.

Cut around the outline, which will now become the pattern for your copies in increasing sizes.

Découper la forme, qui devient alors le modèle de base pour ses copies de dimensions croissantes.

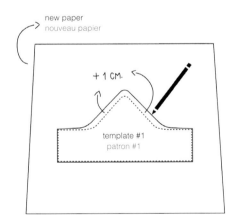

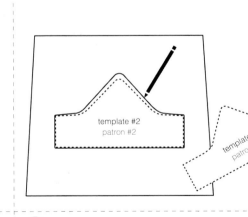

Place the pattern on a new piece of manila paper and trace the outline to create an identical figure, but make it slightly bigger on each side of the edge of the peak. The more space you leave, the more obvious the difference between one pleat and the next will be.

Poser le modèle sur un nouveau morceau de papier manille et tracer la silhouette pour créer une forme identique, mais en ajoutant 1 cm de chaque côté du contour de la pointe. Plus l'espace laissé est grand, plus la différence entre plis successifs sera évidente.

Create all the patterns you need. Always use the last outline as a reference point and make the size of the peak a bit bigger in each successive one.

Créer tous les modèles nécessaires. Toujours utiliser le dernier modèle réalisé comme référence, et augmenter graduellement la taille de la pointe dans le suivant.

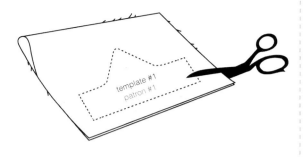

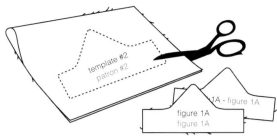

Place one of the patterns on the folded fabric and cut around the outline to obtain two pieces of fabric with the same figure.

Poser l'un des modèles sur le tissu plié et découper la forme pour obtenir deux morceaux de tissu de la même forme.

Repeat step 5 for each of the different-sized patterns. When you finish, you can throw out the pattern manila papers.

Répéter l'étape 5 avec chacun des modèles de différentes dimensions. Une fois cette opération réalisée, ranger les modèles en papier.

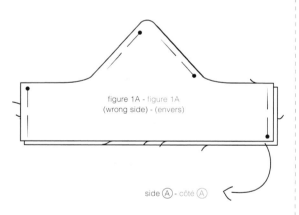

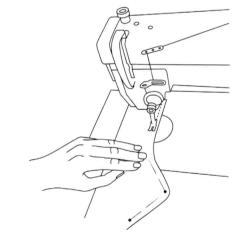

Pin the two smallest pieces of fabric (figure 1a + figure 1b) so that the right sides face each other. The back of the fabric will be visible.

Épingler les deux morceaux de tissu les plus petits (figure 1a + figure 1b), en mettant les côtés endroit face à face. Ainsi, c'est l'envers du tissu qui est visible.

Machine-sew a stitch as close as possible to the top edge of the figure (where the peak is). The bottom edge and the sides of the rectangle remain open.

Coudre à la machine le plus près possible du bord supérieur de la forme (là où se trouve la pointe). Le bord droit inférieur et les côtés restent ouverts.

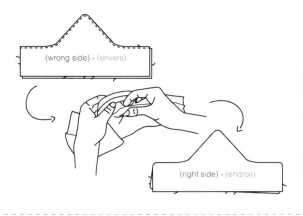

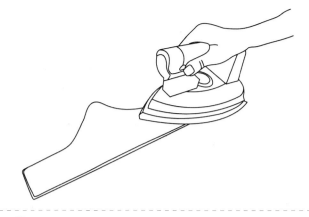

 9

 10

When you finish, remove the pins and turn the piece inside out so that the stitches made on the wrong side of the fabric are on the inside.

Retirer les épingles et retourner la pièce de façon à ce que les points cousus sur l'envers du tissu se retrouvent à l'intérieur.

Press with the iron.

Aplatir au fer à repasser.

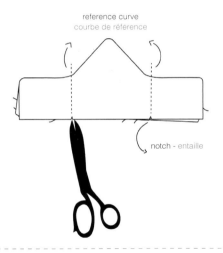

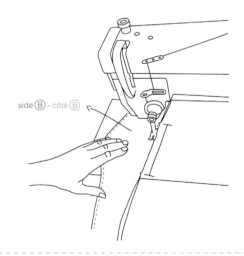

 11

 12

With the scissors, make two notches in the base of the rectangle. Use the curve where the peak begins as a reference.

À l'aide des ciseaux, pratiquer deux entailles à la base du rectangle. Utiliser comme référence la courbe où commence la pointe de la forme.

Turn the fabric inside out and sew the section between the two notches.

Retourner le tissu et coudre la section entre les deux entailles.

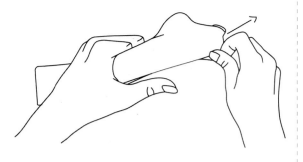

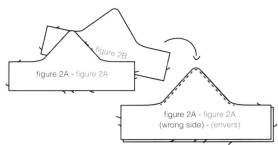

figure 2B

figure 2A - figure 2A

figure 2A - figure 2A
(wrong side) - (envers)

13

14

Turn the fabric back over again so the right side is up (side A) and the stitches are hidden inside the figure.

Retourner le tissu une nouvelle fois pour que l'endroit soit visible (côté A) et cacher les coutures à l'intérieur.

Take the next group of fabric pieces (figure 2) and sew only the peaks on the wrong side. Sew the curves but not the straight lines. Then turn the pieces back the right way, leaving the stitching inside the figure.

Prendre la paire de formes suivante (figure 2) et coudre uniquement les pointes sur l'envers. Coudre les courbes et ignorer les lignes droites. Puis retourner la pièce pour que la couture se retrouve à l'intérieur de la forme.

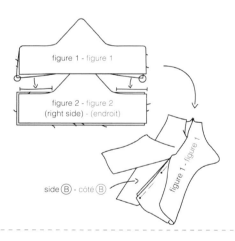

figure 1 - figure 1

figure 2 - figure 2
(right side) - (endroit)

figure 1 - figure 1

side (B) - côté (B)

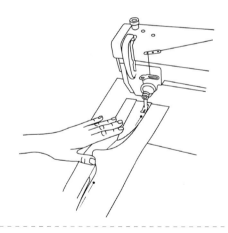

15

16

Join the straight line of the rectangle of figure 1 with the adjacent straight lines at the peak of figure 2. Pin. There will be a space at the bottom of figure 1 to insert the peak of figure 2.

Joindre la ligne droite du rectangle de la figure 1 aux lignes droites adjacentes à la pointe de la figure 2. Épingler. Insérer la pointe de la figure 2 dans l'espace inférieur de la figure 1.

Fasten with a seam on the back of both figures.

Puis le fixer à l'aide d'une couture sur l'envers des deux formes.

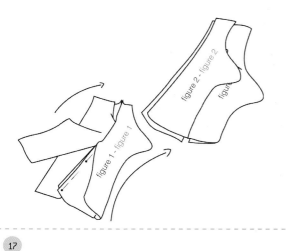

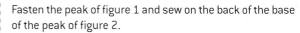

17

Turn the complete piece inside out (right side up) to see the two peaks.

Retourner la pièce complète (la mettre sur l'endroit) pour pouvoir voir les deux pointes.

18

Fasten the peak of figure 1 and sew on the back of the base of the peak of figure 2.

Tenir la pointe de la figure 1 et la coudre sur le revers de la base de la pointe de la figure 2.

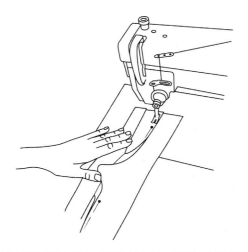

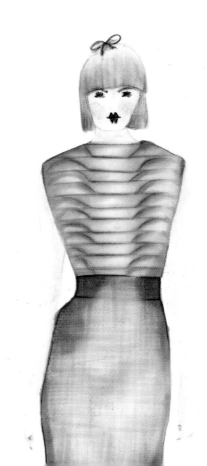

19

Repeat the previous steps (14 to 18) with the other pieces of fabric.

Répéter les étapes précédentes (14 à 18) avec le reste des morceaux de tissu.

Mermaid Fantasy

Fantaisie sirène

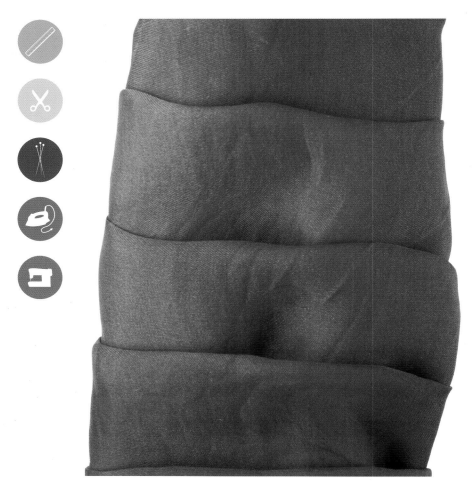

Fuchsia cotton mermaid fantasy fold
Plissage fantaisie sirène en coton fuchsia

The mermaid fantasy fold is composed of columns of folded fabrics that are curved and rolled like large cylinders one inside the other. It has a three-dimensional volume because of the internal depth of the fold and works best with stiff fabrics with a body of close-woven, twisted synthetic threads.

Le plissage fantaisie sirène est composé de colonnes de tissu pliées, ondulées et enroulées entre elles comme des grands cylindres l'un dans l'autre. La profondeur interne du pli lui donne un volume tridimensionnel qui convient particulièrement aux tissus rigides synthétiques au tissage dense, avec une torsion élevée.

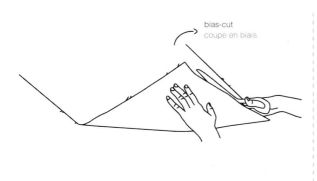

bias-cut
coupe en biais

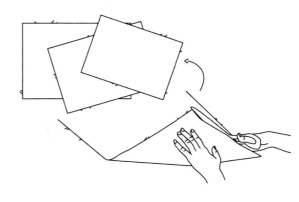

 1

Cut out a piece of fabric on the bias.

Couper un morceau de tissu dans le biais.

 2

Cut out different pieces of varying sizes: from biggest to smallest.

Couper plusieurs morceaux de différentes dimensions : de plus grand à plus petit.

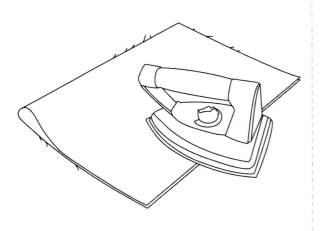

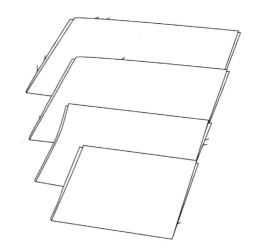

 3

Fold the pieces of cloth in half and iron.

Plier tous les morceaux de tissu en deux. Puis les repasser.

 4

Put one piece of cloth on top of another in proportion. Arrange the biggest at the bottom and the smallest at the top.

Superposer les morceaux l'un sur l'autre par ordre de grandeur. Le plus grand dessous, et le plus petit dessus.

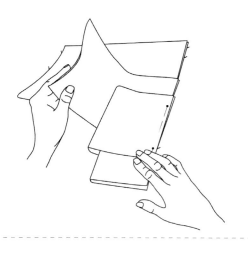

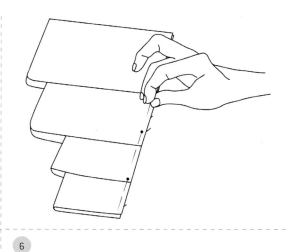

5

Again, fold all the pieces, carrying the left side over to where it meets the right side.

Une fois de plus, plier chaque morceau en faisant coïncider le bord gauche avec le bord droit.

6

Fasten with pins along the open side (right side).

Épingler le long du côté ouvert (droit).

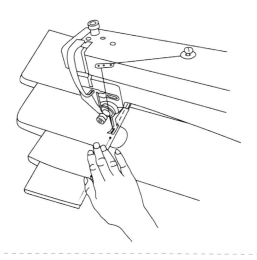

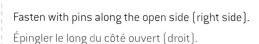
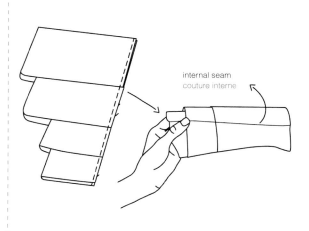

internal seam
couture interne

7

With your sewing machine, sew as close as possible to the right edge to secure the pieces of cloth. Remove the pins as you go.

Coudre à la machine le plus près possible de la marge de droite pour assurer les morceaux de tissu. Retirer les épingles au fur et à mesure.

8

Turn the piece inside out so the stitching is on the inside.

Retourner la pièce pour que la couture se retrouve à l'intérieur.

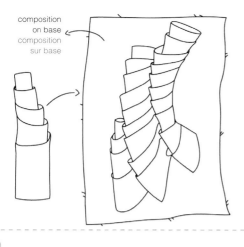

composition
on base
composition
sur base

9

Make a composition of as many mermaid folds as you need to cover the base you want.

Réaliser une composition d'autant de plis sirène que nécessaire pour couvrir la surface souhaitée.

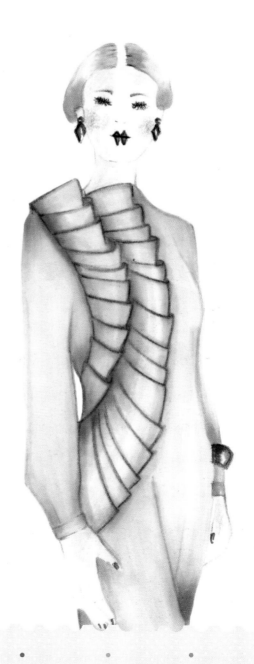

Draped

Drapé

Orange gauze draping
Drapé en gaze orange

This involves positioning fabric on a base (dress, blouse, skirt, etc.) adjusting, twisting and shaping according to the chosen design. Drapes can be vertical, horizontal, diagonal, or a mixture of them all, and always on the bias to ensure it falls freely and stylishly on the garment. It is a creative technique which works best with lightweight fabrics to obtain an elegant and romantic finish.

Le drapé consiste à disposer à main levée du tissu sur une base (robe, chemise, jupe, etc.) en ajustant, torsadant et modelant en fonction du style choisi. Le drapé peut suivre des lignes verticales, horizontales, diagonales ou mixtes, et se réalise toujours dans le biais du tissu pour obtenir un tomber libre et fluide sur le vêtement. C'est une technique créative qui convient particulièrement aux tissus légers pour obtenir un effet élégant et romantique.

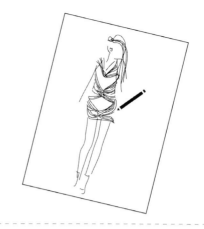

1

Prepare the garment where you will apply the draping. It is a good idea to work the front and back separately as it makes it easier to sew at the end. Dress the dummy in the garment.

Préparer le vêtement où le drapé sera appliqué. Il est conseillé de travailler séparément sur l'avant et l'arrière, car cela facilite les coutures finales. Disposer le vêtement sur un mannequin.

2

Draw the draped design on a sheet of paper before you begin to work with the fabric.

Sur une feuille de papier, dessiner le drapé souhaité avant de commencer à travailler avec le tissu.

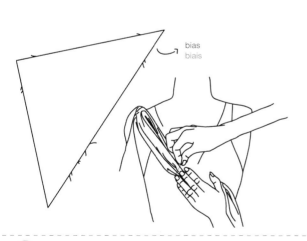

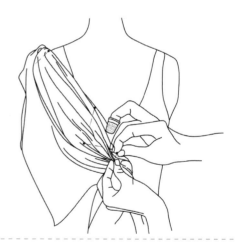

3

With strips of fabric cut on the bias, start hanging the piece on the dummy, draping according to the previously designed pattern. Make sure you have enough fabric to proceed without having to stop.

Avec des bandes de tissu coupées dans le biais, commencer à couvrir la pièce sur le mannequin, en drapant suivant le modèle préalablement dessiné. S'assurer de disposer de suffisamment de tissu pour pouvoir avancer sans s'interrompre.

4

Play with the fabric: twist it, turn it around and let it fall as needed. Fasten the fabric in place with the aid of pins. Don't tug tightly on the fabric.

Jouer avec le tissu : tordre, tourner et laisser tomber selon les besoins. Maintenir le tissu en place à l'aide d'épingles. Éviter de trop tirer sur le tissu.

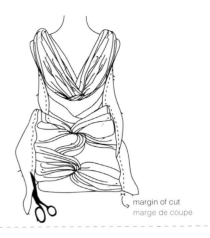

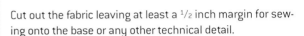
margin of cut
marge de coupe

5

6

After you have completed the draping, baste to reinforce the function of the pins and keep the structure of the draping.

Après avoir terminé le drapé, réaliser des coutures provisoires pour renforcer la fonction des épingles et maintenir la structure du drapé.

Cut out the fabric leaving at least a ¹/₂ inch margin for sewing onto the base or any other technical detail.

Couper le tissu excédentaire en laissant au moins 1 cm de marge pour la couture sur la base ou tout autre détail technique.

7

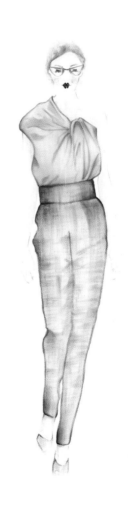

Remove the draped fabric from the dummy and sew on the inside (with the sewing machine if you like) to join the draped section to the base of the garment. Remove the pins.

Retirer le vêtement portant le drapé du mannequin et faire une couture à l'intérieur de la pièce (à la machine à coudre si souhaité) pour fixer le drapé sur le vêtement. Retirer les épingles.

Tubular Cord

Cordon tubulaire

Eggplant and purple taffeta thick tubular cords
Cordons tubulaires épais en taffetas aubergine et violette

As the name suggests, it is a fabric wrapped around a cord or any other tubular element. This technique is used for decorative purposes, as an adornment for dressmaking or as an appliqué to make a garment richer with relief work. The final appearance can be ruffled, using a piece of fabric that is longer than the cord, or smooth, covering the cord with a piece of the same length.

Comme son nom l'indique, il s'agit d'une enveloppe de tissu autour d'un cordon ou de tout autre élément tubulaire. Cette technique a une fonction décorative, en tant qu'ornement sur les coutures ou application pour enrichir un vêtement grâce à son relief. L'apparence finale peut être froncée, si l'on utilise un morceau de tissu plus long que le cordon, ou lisse, si l'on recouvre le cordon d'une seule pièce de même longueur.

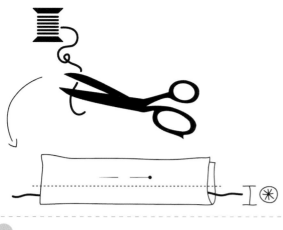

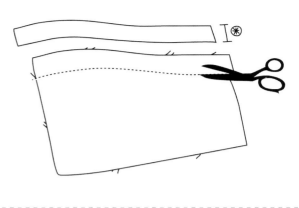

1

2

Cut a piece of cord and wrap a strip of cloth over it to establish the size to use in the following strips. Leave a slight margin between the cord and the fabric.

Couper un morceau de cordon et l'envelopper d'une bande de tissu pour déterminer les dimensions à utiliser pour les bandes suivantes. Laisser un peu de marge entre le cordon et le tissu.

Cut the strips of cloth to the size established in the previous step.

Couper les bandes de tissu selon les dimensions prises à l'étape précédente.

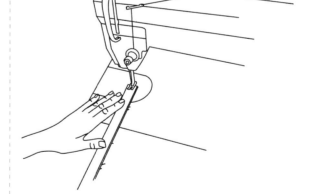

3

4

Fold the cloth in half so the corners meet.

Plier la bande de tissu en deux en faisant coïncider les coins.

With your sewing machine, sew around the sides of the strip until it is completely closed.

Coudre à la machine sur le côté de la bande jusqu'à ce qu'elle soit complètement fermée.

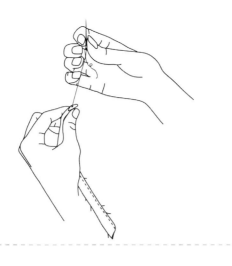

5

With a needle and thread, cross one of the top corners of the fabric.

Piquer une aiguille enfilée dans l'un des coins supérieurs du tissu.

6

Introduce the needle into the strip to turn the fabric inside out.

Introduire l'aiguille dans la bande fermée pour retourner le tissu.

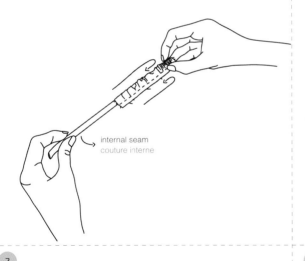

internal seam
couture interne

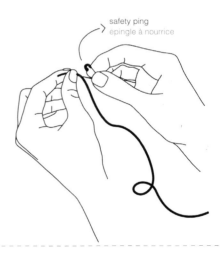

safety ping
épingle à nourrice

7

When you finish, the stitching should be completely hidden as it will be inside the strip.

La couture est ainsi complètement cachée, puisqu'elle se retrouve à l'intérieur du tube.

8

Take the cord (satin cord edging) which will go inside the fabric strip and pin one of the ends with the safety pin.

Prendre le cordon fin qui ira à l'intérieur du tube et piquer l'épingle à nourrice dans l'une de ses extrémités.

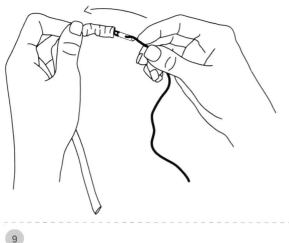

9

Thread the satin cord edging into the fabric strip.

Introduire le cordon dans le tube de tissu.

10

Use the safety pin to thread it through until it comes out the other end of the strip. When you finish, knot the ends of the cord. Another option is to cut the end of the cord and stitch over the fabric.

Faire coulisser le cordon à l'aide de l'épingle à nourrice jusqu'à ce que le cordon ressorte par l'autre côté du tube. Puis fermer en réalisant un nœud à chaque extrémité du cordon. Ou bien couper la fin du cordon et coudre quelques points sur le tissu.

cord with ruffled fabric
cordon avec tissu plissé

smooth cord
cordon lisse

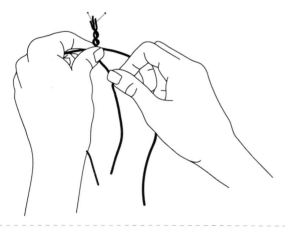

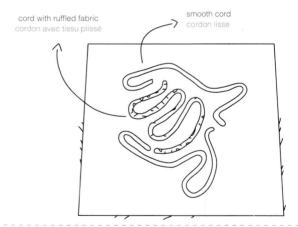

11

If you want a much thicker tubular cord, you can improvise by interweaving various thin cords. Remember that the fabric strip should be wider to be able to cover the plait.

Pour obtenir un cordon tubulaire beaucoup plus épais, improviser en entrelaçant plusieurs cordons fins. Tenir compte du fait que la bande de tissu devra être plus large pour recouvrir la tresse.

12

When you have all the cords wrapped, use them as an appliqué to creature figures and ornaments on a plain base.

Une fois tous les cordons recouverts de tissu, les utiliser en application pour créer des motifs et ornements sur une base plate.

Eggplant and purple taffeta thick tubular cords
Cordons tubulaires épais en taffetas aubergine et violette

Green cotton poplin thin tubular cord.
Cordon tubulaire fin en popeline de coton vert.

405489